职业教育改革创新示范教材

Qiche Dipan Weixiu
汽车底盘维修

何向东 主　　编
李开平　吴光宇 副 主 编
朱　军 丛书总主审

内 容 提 要

本书是职业教育改革创新示范教材之一,重点介绍了汽车底盘各组成部分的结构、工作原理、检测与维修。主要内容包括:离合器的检修、手动变速器的检修、传动轴及驱动桥的检修、行驶系统的检修、转向系统的检修和制动系统的检修6个项目,共20个学习任务。

本书既可作为职业院校汽车运用与维修专业的教学用书,也可供汽车相关技术人员的参考使用。

图书在版编目(CIP)数据

汽车底盘维修/何向东主编. —北京:人民交通出版社股份有限公司,2017.3
ISBN 978-7-114-13542-2

Ⅰ.①汽⋯ Ⅱ.①何⋯ Ⅲ.①汽车—底盘—车辆修理—职业教育—教材 Ⅳ.①U472.41

中国版本图书馆 CIP 数据核字(2016)第 309444 号

书　　名	汽车底盘维修
著 作 者	何向东
责任编辑	翁志新
出版发行	人民交通出版社股份有限公司
地　　址	(100011)北京市朝阳区安定门外外馆斜街 3 号
网　　址	http://www.ccpress.com.cn
销售电话	(010)59757973
总 经 销	人民交通出版社股份有限公司发行部
经　　销	各地新华书店
印　　刷	北京市密东印刷有限公司
开　　本	787×1092　1/16
印　　张	15.25
字　　数	363 千
版　　次	2017 年 3 月　第 1 版
印　　次	2017 年 3 月　第 1 次印刷
书　　号	ISBN 978-7-114-13542-2
定　　价	35.00 元

(有印刷、装订质量问题的图书由本公司负责调换)

职业教育改革创新示范教材编委会

(排名不分先后)

主　　任：刘建平(广州市交通运输职业学校)
　　　　　杨丽萍(深圳市第二职业技术学校)
副 主 任：黄关山(珠海城市职业技术学院)　　周志伟(深圳市宝安职业技术学校)
　　　　　邱今胜(深圳信息职业技术学院)　　朱小东(中山市沙溪理工学校)
　　　　　侯文胜(佛山市顺德区中等专业学校)韩彦明(佛山市华材职业技术学校)
　　　　　庞柳军(广州市交通运输职业学校)　程和勋(中山市中等专业学校)
　　　　　冯　津(广州合赢教学设备有限公司)邱先贵(广东文舟图书发行有限公司)
委　　员：谢伟钢、孟婕、曾艳、王锋(深圳市龙岗职业技术学校)
　　　　　李博成(深圳市宝安职业技术学校)
　　　　　罗雷鸣、陈根元、马征(惠州工业科技学校)
　　　　　邱勇胜、何向东(清远市职业技术学校)
　　　　　刘武英、陈德磊、阮威雄、江珠(阳江市第一职业技术学校)
　　　　　苏小举、孙永江、李爱民(珠海市理工职业技术学校)
　　　　　陈凡主(中山市沙溪理工学校)
　　　　　刘小兵(广东省轻工高级职业技术学校)
　　　　　许志丹、谭智男、陈东海、任丽(佛山市华材职业技术学校)
　　　　　欧阳可良、马涛(佛山市顺德区中等专业学校)
　　　　　周德新、张水珍(河源理工学校)
　　　　　谢立梁(广州市番禺工贸职业技术学校)
　　　　　范海飞、闫勇(广东省普宁职业技术学校)
　　　　　温巧玉(广州市白云行知职业技术学校)
　　　　　李维东、冯永亮、巫益平(佛山市顺德区郑敬怡职业技术学校)
　　　　　王远明、郑新强(东莞理工学校)
　　　　　程树青(惠州商业学校)
　　　　　高灵聪(广州市信息工程职业学校)
　　　　　黄宇林、邓津海(广东省理工职业技术学校)
　　　　　张江生(湛江机电学校)
　　　　　任家扬(中山市中等专业学校)
　　　　　邹胜聪(深圳市第二职业技术学校)

丛书总主审：朱　军

前言 PREFACE

《国家中长期教育改革和发展规划纲要(2010—2020年)》中提出:大力发展职业教育,把职业教育纳入经济社会发展和产业发展规划,把提高质量作为重点;以服务为宗旨,以就业为导向,推进教育教学改革。实行工学结合、校企合作、顶岗实习的人才培养模式;满足人民群众接受职业教育的需求,满足经济社会对高素质劳动者和技能型人才的需要。

职业教育的发展已作为国家当前教育发展的战略重点之一,但是,目前职业院校所使用的教材普遍存在以下几个方面的问题:

(1)学生反映难理解,教师反映不好教;

(2)企业反映脱离实际,与其需求距离很大;

(3)不适应新一轮教学改革的需要,汽车车身修复、汽车商务、汽车美容与装潢等专业教材急缺;

(4)立体化程度不够,教学资源质量不高,教学方式相对落后。

针对以上问题,结合人民交通出版社股份有限公司汽车类专业教材的出版优势,我们开发了"职业教育改革创新示范教材"。本套教材以"积极探索教学改革思路,充分考虑区域性特点,提升学生职业素质"的指导思想,采用职教专家、行业一线专家、学校教师、出版社编辑"四结合"的编写模式。教材内容的特点是准确体现职业教育特点(以工作岗位所需的知识和技能为出发点);理论内容"必须、够用";实训内容贴合工作一线实际;选图讲究,易懂易学。

该套教材将先进的教学内容、教学方法与教学手段有效地结合起来,形成课本、课件和数字资源(部分课程配)三位一体的立体教学模式。

全书由广东省清远市职业技术学校何向东担任主编,由广东省清远市职业技术学校李开平和广东省英德市职业技术学校吴光宇担任副主编。参加编写的还有广东省梅州市职业技术学校黄丰梅、广东省清新区职业技术学校吴海权。具体分工为:何向东编写了项目五和项目六,李开平编写了项目四,吴光宇编写了项目三,黄丰梅编写了项目二,吴海权编写了项目一。

限于编者的经历和水平,书中难免有不妥和错误之处,敬请广大读者批评指正,提出修改意见和建议,以便再版修订时改正。

职业教育改革创新示范教材编委会

2016 年 11 月

目录 CONTENTS

项目一　离合器的检修　/　1
　　学习任务一　离合器踏板位置的检查与调整 …………………………………… 1
　　学习任务二　离合器分离不彻底的检修 ………………………………………… 15

项目二　手动变速器的检修　/　25
　　学习任务三　手动变速器油的检查与更换 ……………………………………… 25
　　学习任务四　手动变速器挂挡困难的检修 ……………………………………… 37

项目三　传动轴及驱动桥的检修　/　55
　　学习任务五　传动轴（前轮驱动）防尘罩的检查与更换 ……………………… 55
　　学习任务六　传动轴（后轮驱动）抖动的检修 ………………………………… 70
　　学习任务七　驱动桥（后轮驱动）异响的检修 ………………………………… 77

项目四　行驶系统的检修　/　94
　　学习任务八　轮胎的检查与换位 ………………………………………………… 94
　　学习任务九　轮胎的修补与更换 ………………………………………………… 102
　　学习任务十　汽车行驶振动的检修 ……………………………………………… 111
　　学习任务十一　汽车行驶跑偏的检修 …………………………………………… 122

项目五　转向系统的检修　/　134
　　学习任务十二　转向沉重且不能回正的检修 …………………………………… 134
　　学习任务十三　转向沉重且有异响的检修 ……………………………………… 149
　　学习任务十四　动力转向油的检查与更换 ……………………………………… 158

项目六　制动系统的检修　/　165

学习任务十五　制动踏板位置的检查与调整 …………………………………… 165

学习任务十六　制动液的检查与更换 …………………………………………… 172

学习任务十七　驻车制动器的检查与调整 ……………………………………… 193

学习任务十八　制动蹄、制动鼓的检查与更换 ………………………………… 199

学习任务十九　制动摩擦块、制动盘的检查与更换 …………………………… 210

学习任务二十　ABS 警告灯点亮的检修 ………………………………………… 219

参考文献　/　235

项目一 离合器的检修

 项目描述

离合器是手动变速器车辆的重要组成部分。离合器工作不良或失效,将导致离合器分离不彻底、打滑、异响、起步发抖等故障。学生通过完成两个学习任务,掌握离合器的作用、离合器的类型、离合器的工作原理、离合器踏板自由行程、离合器液压操纵机构的结构、离合器的结构等知识,能规范使用工量具和设备对离合器进行拆装及检查,为后续的项目学习打下良好的基础。

学习任务一 离合器踏板位置的检查与调整

学习目标

◎ 知识目标
(1)能够叙述离合器的安装位置与作用。
(2)能够叙述离合器的常见类型。
(3)能够叙述离合器操纵机构的作用、类型及结构特点。
(4)能够理解离合器踏板的自由行程含义。

◎ 技能目标
(1)能规范对离合器踏板自由行程进行检测与调整。
(2)能规范对液压式离合器操纵机构进行排空。
(3)能规范正确地使用工、量具和设备。

◎ **素养目标**
（1）具备团队合作精神和6S理念。
（2）提高安全、环境保护和节约意识。
（3）养成服从管理、规范作业的工作习惯。
（4）树立客户至上的服务意识。

 建议完成本学习任务的时间为 **8 课时**。

 学习任务描述

一辆手动丰田卡罗拉(1.6L)轿车，行驶了12000km，车主反映：离合器踏板位置不正常。需要你对离合器踏板位置进行检查与调整。

 学习内容

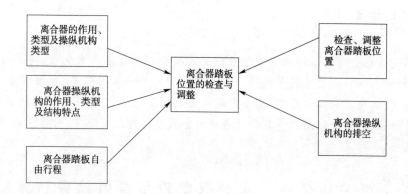

 注意事项

（1）注意人身、设备安全，认真执行6S管理。
（2）严格遵守拆装规程。
（3）注意清洁零件，严格按顺序摆放，以免造成装配错误。

一 资料收集

引导问题1 离合器安装在汽车的什么位置？其作用是什么？

1 离合器的安装位置

离合器是汽车传动系统的重要组成部分，安装在发动机与变速器之间，如图1-1所示。

项目一　离合器的检修

图1-1　离合器的安装位置

2 离合器的作用

离合器的作用如下：
(1)传递发动机的转矩。
(2)在换挡和停车的过程中暂时切断动力传输，保证变速器换挡平顺。
(3)通过扭转减振系统，减小发动机的振动，降低变速器的噪声。
(4)使发动机与传动系统逐渐接合，保证汽车平稳起步。
(5)限制所传递的转矩，防止传动系统过载。

引导问题2 离合器的总体结构是怎样的？它的工作原理是怎样的？

1 离合器的总体结构

离合器的总体结构如图1-2所示。压紧装置(膜片弹簧)将从动盘压紧在飞轮端面上，发动机转矩是靠飞轮与从动盘接触面之间的摩擦作用传递到变速器输入轴的。

2 离合器的工作原理

离合器的工作原理如图1-3所示。从动盘通过花键和变速器输入轴相连，可以前后运动。在离合器压紧弹簧(膜片弹簧式和周布弹簧式)作用下，离合器处于接合状态。

1)分离过程

当驾驶员踩下离合器踏板，分离套筒和分离轴承在分离叉的推动下，推动从动盘克服压紧弹簧的压力而后移，使离合器处于分离状态，中断动力传动。

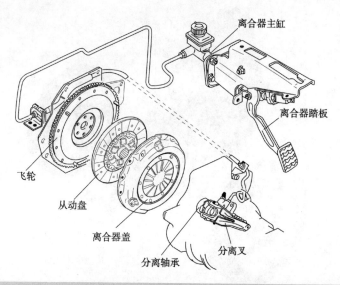

图1-2 离合器的总体结构

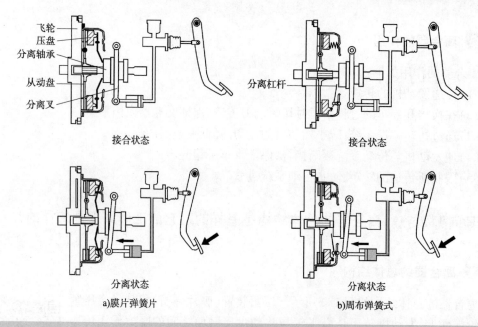

图1-3 离合器的工作原理

2)接合过程

当驾驶员逐渐放松离合器踏板,压盘在压紧弹簧的作用下前移逐渐压紧从动盘,此时从动盘与压盘、飞轮的接触面之间产生摩擦力矩并逐渐增大,动力由飞轮、压盘传递给从动盘经轴输出。在这一过程中,从动盘及轴转速逐渐提高,直到与主动部分转速相同,主、从动部分完全接合。

3)半联动状态

在离合器的接合过程中,飞轮、压盘和从动盘之间接合不够紧密时,所能传递的摩擦力矩较小,其主、从动部分未达到同步,处于相对打滑时,称为半联动状态。正因为离合器有半联动状态,只要操作合理,就能使汽车平稳起动。

引导问题3 ▶ 离合器有哪些类型?

目前常见汽车的离合器有干式摩擦片式离合器和湿式摩擦片式离合器两种类型,其中,干式摩擦片式离合器多用于配置为手动变速器的汽车,如图1-4所示。而湿式摩擦片式离合器多用于配置为自动变速器的汽车,如图1-5所示。

摩擦离合器是指利用主、从动部分的摩擦作用来传递转矩的离合器,结构组成如图1-6所示。

摩擦离合器具体分类如下:

(1) 按从动盘的数目,可以分为单片离合器和双片离合器。轿车、客车、中小型货车多采用单片离合器。双片离合器由于增加了一片从动盘,使其在其他条件不变的情况下,比单片离合器所能传递的转矩增大一倍,所以多用于重型车辆上。

图1-4 干式摩擦片式离合器

(2) 按压紧弹簧的形式,可以分为周布弹簧离合器、中央弹簧离合器和膜片弹簧离合器。周布弹簧离合器和中央弹簧离合器采用螺旋弹簧,分别沿压盘的圆周和中央布置;膜片弹簧离合器采用膜片弹簧,目前应用最为广泛。

(3) 按操纵机构的形式,常见的可以分为机械式(杆式和拉索式)和液压式。

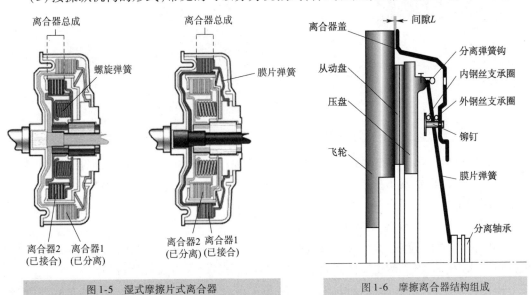

图1-5 湿式摩擦片式离合器　　图1-6 摩擦离合器结构组成

引导问题 4　离合器操纵机构的作用是什么？它有哪些类型？

1 离合器操纵机构的作用

离合器操纵机构是驾驶员借以使离合器分离、又使之接合的一套机构，它起始于离合器踏板（图1-7），终止于离合器的分离轴承。

在配备手动变速器的车辆中，为了保证离合器正常工作，必须保证离合器其主动部分与从动部分可以迅速分离，又可以平顺接合，这就是离合器操纵机构的作用。

2 离合器操纵机构的类型

按照分离离合器时所需操纵力的不同，离合器操纵机构分为人力式和助力式。人力式又可以分为机械式和液压式；助力式又可以分为气压助力式和弹簧助力式。人力式操纵机构是以驾驶员作用在踏板上的力作为唯一的操纵力。助力式操纵机构除了驾驶员的操纵力以外，主要以其他形式的力作为操纵力。

机械式操纵机构有杆式传动和拉索式传动两种。

1）机械杆式传动操纵机构结构

如图1-8所示，机械杆式传动操纵机构主要由踏板、连接杆、分离叉及复位弹簧等组成。

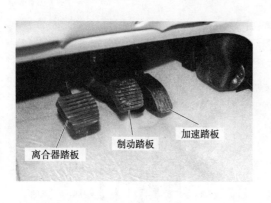

图1-7　踏板组合

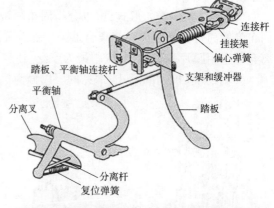

图1-8　机械杆式传动操纵机构

这种操纵机构由一组杆系组成，其特点是结构简单，工作可靠，故障少；但杆件间铰接点多，摩擦损失大，车架或车身变形会影响其工作，远距离工作时杆系布置困难。这种操纵机构主要用于重型汽车离合器。

2）机械拉索式传动操纵机构结构

如图1-9所示，拉索传动与杠杆传动基本相同，只是杠杆传动中的拉杆用拉索来代替。机械拉索式传动操纵机构主要由离合器踏板、拉索、分离叉及复位弹簧等组成。

由于拉索是挠性件，因此，对其他装置的布置没有大的影响，安装方便，成本低，维护容易，使用较多。采用这种操纵机构可以消除杆式操纵机构的缺点，并可采用便于驾驶员操作的吊挂式踏板。但拉索寿命较短，拉伸刚度较小，导致踏板自由行程变大，造成离合器分离不彻底；不能增大踏板力，操纵较费力，传动效率低，因此，这种结构形式多用于轻型和微型汽车以及部分早期的轿车上。

3）液压式操纵机构结构

液压式操纵机构主要由离合器踏板、离合器主缸（或称离合器总泵）、离合器工作缸（或称离合器分泵）、储油罐、分离轴承和分离叉等组成，如图1-10所示。

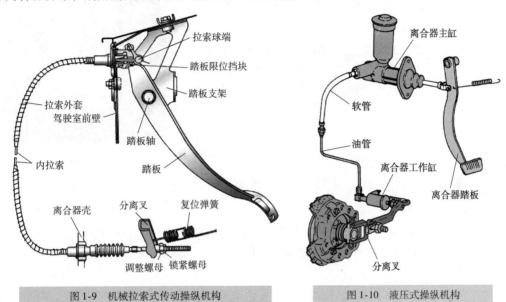

图1-9　机械拉索式传动操纵机构　　　　图1-10　液压式操纵机构

（1）离合器主缸。

如图1-11a)、图1-11b)所示为离合器主缸结构图和实物图。主缸壳体上的回油孔、补偿孔通过进油软管与储液罐相通。主缸内装有活塞，活塞两端装有皮碗，左端中部装有单向阀，经小孔与活塞右方主缸内腔的油室相通。当离合器踏板处于完全放松位置时，活塞左端皮碗位于回油孔与补偿孔之间，两孔均与储液罐相通。

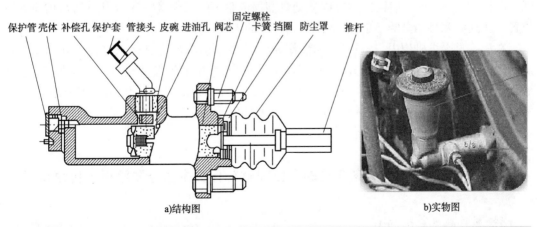

图1-11　离合器主缸

(2) 离合器工作缸。

如图1-12a)、图1-12b)所示为离合器工作缸结构图和实物图。工作缸内装有活塞、皮碗、推杆等,壳体上还设有放气螺钉。当管路内有空气存在而导致离合器不能分离时,需要拧出放气螺钉进行放气。工作缸活塞直径略大于主缸活塞直径,故液压系统具有增力作用,以使操纵轻便。

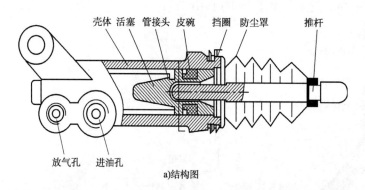
a)结构图

b)实物图

图1-12 离合器工作缸

(3) 液压式操纵机构工作原理。

①分离过程。当离合器踏板踩下时,离合器主缸推杆推动主缸活塞,离合器主缸产生油压,压力油经油管使工作缸的活塞推出,经推杆推动分离叉,推移分离轴承等使离合器分离。

②接合过程。离合器踏板放松时,踏板复位弹簧将踏板拉回,离合器主缸油压消失,各机件复原,离合器处于接合状态。从动盘利用其和压盘、飞轮接触面的摩擦将发动机转矩由输出轴传递给变速器。

③补偿过程。当管路系统渗入空气时,可利用补偿孔来排除渗入的空气。补偿过程如下:当踩下离合器踏板难以使离合器分离时,可迅速放松踏板,在踏板复位弹簧的作用下,主缸活塞快速右移。储液罐中的油液从补偿孔经主缸活塞上的单向阀流入活塞左面。再迅速踩下踏板,工作缸活塞前移,以弥补因从动盘磨损或系统渗入少量空气后引起的在相同踏板位置工作缸活塞移动量的不足,从而保证离合器的正常工作。

在液压式操纵机构中,一般以制动液作为液压油来传递动力,其优点是:摩擦阻力小,且能增大踏板力,操作轻便;布置方便,其工作不受车身、车架变形及发动机位移的影响,适合远距离操纵;踏板可采用吊挂式结构,有利于驾驶室空间布置;接合柔和,在长期工作中不会引起离合器踏板力明显增加,减轻驾驶员的劳动强度。不足之处是维修不方便;系统要有良好的密封性;液压油对机件有腐蚀作用。

引导问题5 什么是离合器的自由间隙?什么是离合器踏板的自由行程?

1 离合器的自由间隙

由离合器的工作原理可知,当从动盘摩擦片磨损变薄后,为了保证离合器能处于接合状态,传递发动机转矩,则压盘必须向前移动。此时膜片弹簧(或分离杠杆)外端和压盘一起向前移,其内端向后移。如果膜片弹簧(或分离杠杆)与分离轴承之间没有间隙,则由于机械式操纵机构的干涉作用,压盘最终无法前移,即导致离合器不能接合,出现打滑现象。为此,在离合器膜片弹簧(或分离杠杆)内端与分离轴承之间预留一定的间隙,这个间隙称为离合器的自由间隙,如图1-13所示。

2 离合器踏板的自由行程

离合器踏板自由行程是指驾驶员踩离合器踏板时,消除操纵机构的间隙以及弹性变形的距离,也就是离合器踏板在自由状态到分离轴承与膜片弹簧(或者分离杠杆)接触并推动膜片弹簧(或者分离杠杆)开始移动,这一段时间内离合器踏板的移动距离,如图1-14所示。

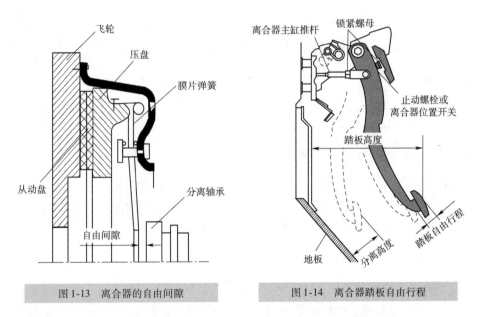

图1-13 离合器的自由间隙　　　　图1-14 离合器踏板自由行程

注意:离合器踏板自由行程过大,会造成离合器分离不彻底;离合器踏板没有自由行程或自由行程过低,会造成离合器打滑故障。

引导问题6　离合器踏板自由行程测量方法是怎样的?

测量方法如图1-15a)、图1-15b)所示,用一适当长度的钢直尺抵在驾驶室底板上,先测量踏板完全放松时的高度,记录此测量值;再用手轻按踏板,当感到压力增大时(表示分离轴承端面与膜片弹簧端面接触)停止按踏板,再测量踏板高度,两次测量的高度差,即为踏板的自由行程。

测量踏板的自由行程后,应与该车型的技术标准相比较,如果不符合要求,应进行调整。

部分常见车型离合器踏板自由行程,如表1-1所示。

a)先测量踏板完全放松时的高度　　　　　　　　b)再用手轻按踏板测量踏板高度

图 1-15　离合器踏板自由行程测量

部分汽车离合器踏板自由行程　　　　　表 1-1

序号	车　型	离合器踏板自由行程(mm)	序号	车　型	离合器踏板自由行程(mm)
1	上海桑塔纳 2000Gsi	15～25	5	日产颐达	2～8
2	别克凯越	6～12	6	哈飞赛马	4～13
3	本田雅阁	10～18	7	中华	6～13
4	丰田卡罗拉	5～15	8	五菱荣光	15～25

1　机械拉索式具体调整方法

通过调整离合器踏板与分离叉之间拉索的长度来改变离合器的自由行程的大小。

具体调整方法:如图 1-16 所示,通过调节拉索与分离叉之间的调节螺栓来改变拉索的长度,以达到改变离合器踏板与分离叉之间拉索长度的目的。

2　液压式具体调整方法

液压操纵式离合器踏板的自由行程,一般是主缸活塞与其推杆之间和分离杠杆内端与分离轴承,或膜片弹簧与分离轴承之间两部分间隙之和在踏板上的反映。因此,踏板自由行程调整就是这两处间隙的调整,如图 1-17 所示。

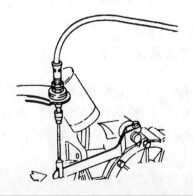

图 1-16　通过调节拉索与分离叉之间的调节螺栓　　　　图 1-17　液压操纵式离合器踏板的自由行程

具体调整方法:调整时先调整主缸活塞与推杆间隙,有的通过调整螺母调整推杆的长度,有的通过踏板臂与推杆相连的偏心装置调整推杆伸出长度。其间隙量有的可直接测量,有的则测量此间隙在踏板上反映的自由行程量。

二、实施作业

引导问题7 作业前应该准备哪些工、量具和设备?

（1）工、量具:组合工具、扭力扳手、钢直尺等。
（2）设备:手动变速器的卡罗拉轿车或其他手动变速器的轿车(根据本校现有设备实际情况)。
（3）维修手册、评分表等。

引导问题8 如何进行作业前的准备工作?

（1）现场安全确认:车辆、举升机、工位。
（2）车辆防护:三件套、翼子板布、前格栅布、车轮挡块、干净抹布等。

引导问题9 通过查询和查找,你能找到以下信息吗?

请完成车辆基本信息表,见表1-2。

车辆基本信息表　　　　　　　　　　　　　　　　表1-2

项　目	具体信息	项　目	具体信息
车牌号码		发动机型号及排量	
行驶里程		车辆识别代码(VIN)	

引导问题10 怎样对离合器踏板位置进行检查与调整?

请查阅维修手册,根据以下步骤进行作业。

1 检查与调整离合器踏板高度

（1）翻起地毯。
（2）检查并确认离合器踏板高度正确,如图1-18所示。

离合器踏板高度(离合器踏板距离地板的高度):143.6～153.6mm。

（3）松开锁紧螺母并转动限位螺栓，如图1-19所示，直至获得正确的离合器踏板高度。
（4）拧紧锁紧螺母（拧紧力矩：16N·m）。

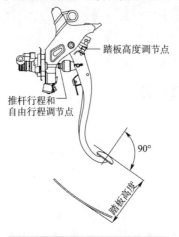

图1-18　检查离合器踏板高度　　　　　图1-19　松开锁紧螺母并转动限位螺栓

2　检查离合器踏板自由行程和推杆行程

（1）检查并确认离合器踏板自由行程和推杆行程正确，如图1-20所示。
①踩下离合器踏板直至开始感觉到离合器阻力。离合器踏板自由行程：5.0～15.0mm。
②轻轻踩下离合器踏板直至阻力开始增大。离合器踏板顶端处的推杆行程：1.0～5.0mm。
（2）如有必要，调整离合器踏板自由行程和推杆行程。
①松开锁紧螺母并转动推杆，如图1-21所示，直至获得正确的离合器踏板自由行程和推杆行程。
②拧紧锁紧螺母（拧紧力矩：12N·m）。
③调整好离合器踏板自由行程后，检查离合器踏板高度。

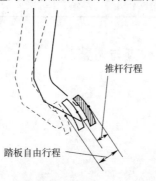

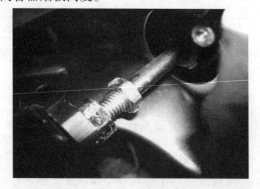

图1-20　检查离合器踏板自由行程　　　　图1-21　松开锁紧螺母并转动推杆

3　检查离合器分离点

（1）拉紧驻车制动器操纵杆。
（2）安装车轮挡块，如图1-22所示。

(3)起动发动机并使其怠速运转。
(4)未踩下离合器踏板时,缓慢移动变速杆至倒挡直至齿轮接触。
(5)逐渐踩下离合器踏板,并测量从齿轮噪声停止点(分离点)到离合器踏板行程止点位置的行程距离,如图1-23所示。

图1-22 安装车轮挡块

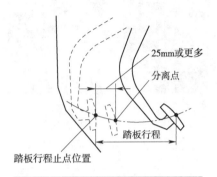

图1-23 检查离合器分离点

小 提 示

　　标准距离为25mm或更长(从离合器踏板行程终点位置到分离点)。如果该距离不符合规定,则执行以下程序:
①检查离合器踏板高度。
②检查推杆行程和离合器踏板自由行程。
③对离合器管路进行放气(详见离合器液压系统油液的检查与放气)。
④检查离合器盖和离合器盘。

4 离合器液压系统油液的检查与放气

(1)检查制动液储液罐内油液是否充足,如图1-24所示,不足应加注。
(2)拆下放气螺塞盖,如图1-25所示。

图1-24 检查制动液储液罐内油液是否充足

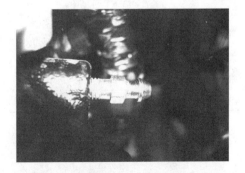

图1-25 拆下放气螺塞盖

(3)将塑料管连接至放气螺塞,如图1-26所示。

(4)连续踩下离合器踏板数次,并在踩下离合器踏板时松开放气螺塞,如图1-27所示。

图1-26 将塑料管连接至放气螺塞

图1-27 松开放气螺塞

(5)离合器油液不再外流时,拧紧放气螺塞,然后松开离合器踏板。
(6)重复第(4)、(5)步骤操作,直至离合器油液中的空气全部放出。
(7)拧紧放气螺塞(拧紧力矩:8.3N·m)。
(8)安装放气螺塞盖。
(9)检查并确认离合器管路中的空气已全部放出。
(10)重新检查储液罐中的油液液位。

三 评价与反馈

对本学习任务进行评价,如表1-3所示。

评 价 表　　　　　　　　　　　　　表1-3

评价项目	评分标准	分数	学生自评	小组互评	教师评价	小计
团队合作情况	是否和谐	5				
活动参与情况	是否主动	5				
安全生产情况	有无安全隐患	10				
现场6S执行情况	是否做到	10				
任务方案设计	是否合理	10				
操作过程情况	(1)举升机操作; (2)离合器踏板位置的检查与调整; (3)液压式离合器操纵机构油液的检查与放气	30				
任务完成情况	是否圆满完成	5				
工、量具和设备的使用	是否标准、规范	10				
劳动纪律	是否严格遵守	5				
项目工单的填写	是否完整、规范	10				
总分		100				
教师签名:						得分:

四 学习拓展

（1）查阅资料，说明凯越、思域轿车离合器踏板位置的检查与调整方法。

（2）查阅资料，说明如何更换卡罗拉轿车离合器踏板总成。

学习任务二 离合器分离不彻底的检修

学习目标

◎ 知识目标
(1)能够叙述离合器的具体结构。
(2)能够叙述膜片弹簧式离合器的结构。
(3)能够叙述周布弹簧式离合器的结构。

◎ 技能目标
(1)能规范地对离合器总成进行拆卸、安装与调整。
(2)能规范地对离合器总成各主要零件进行检测。
(3)能规范正确地使用工、量具和设备。

◎ 素养目标
(1)具备团队合作精神和6S理念。
(2)提高安全、环境保护和节约意识。
(3)养成服从管理、规范作业的工作习惯。
(4)树立客户至上的服务意识。

 建议完成本学习任务的时间为6课时。

 学习任务描述

一辆手动卡罗拉型轿车车主反映：汽车用低速挡起步时，放松离合器踏板后，汽车不能起步或起步困难；汽车加速行驶时，车速不能随发动机转速的提高而提高，感到行驶无力，严重时产生焦糊味或冒烟等现象。需要你对离合器进行检测，确定故障部位后修理。

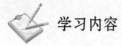 **学习内容**

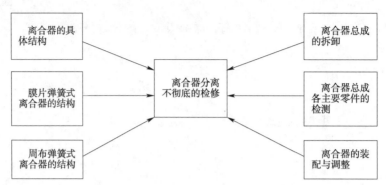

 注意事项

(1) 注意人身、设备安全，认真执行6S管理。
(2) 严格遵守拆装规程。
(3) 注意清洁零件，严格按顺序摆放，以免造成装配错误。

一 资料收集

引导问题1 离合器的结构是怎样的？典型离合器的结构有哪些？

1 离合器的结构

各类离合器的结构基本相同，都是由主动部分、从动部分、压紧装置和操纵机构四部分组成。

(1) 主动部分。发动机飞轮、离合器盖和压盘是离合器的主动部分。图2-1所示为离合器盖和压盘。

a) 盖　　　　　　　　b) 压盘

图2-1　离合器盖和压盘

（2）从动部分。由离合器摩擦片总成和从动轴组成。离合器摩擦片总成由从动盘本体、摩擦片和减振器盘组成。从动轴就是变速器的一轴（输入轴）。图2-2所示为离合器摩擦片总成。

（3）压紧装置。在膜片弹簧压力作用下，压盘压向飞轮，使飞轮、压盘与从动盘的两个摩擦面压紧。

（4）操纵机构。是驾驶员借以使离合器分离或接合的一套机构。它起始于离合器踏板，终止于离合器壳内的分离轴承。包括离合器踏板、分离拉杆、分离拨叉、分离套筒、分离轴承等，图2-3所示为离合器分离拨叉和分离轴承总成。

图2-2 离合器摩擦片总成

图2-3 离合器分离拨叉和分离轴承总成

2 典型离合器的结构

1）膜片弹簧式离合器的结构

（1）膜片弹簧式离合器的结构，如图2-4所示。

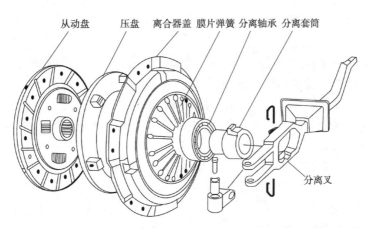

图2-4 膜片弹簧离合器结构

离合器盖通过螺栓固定在飞轮上，为了保持正确的安装位置，离合器盖通过定位销进行定位。压盘与离合器盖之间通过周向均布的3组或4组传动钢片来传递转矩。传动钢片用弹簧钢板制成，每组两片，一端用铆钉铆在离合器盖上，另一端用螺钉连接在压盘上。

膜片弹簧的径向开有若干切槽,形成弹性杠杆。切槽末端有圆孔,固定铆钉穿过圆孔,并固定在离合器盖上。膜片弹簧两侧装有钢丝支承环,这两个钢丝支承环是膜片弹簧工作时的支点。膜片弹簧的外缘通过分离钩与压盘联系起来。从动盘主要由从动盘本体、摩擦片和从动盘毂等组成。为消除传动系的扭转振动,从动盘一般还带有扭转减振器,如图2-5、图2-6所示。

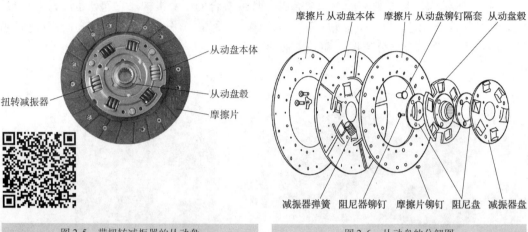

图2-5 带扭转减振器的从动盘　　　　　图2-6 从动盘的分解图

膜片弹簧式离合器的结构主要由主动部分、从动部分、压紧装置与分离机构、操纵机构组成。

①主动部分。离合器主动部分由飞轮、离合器盖和压盘组成。主动部分与发动机曲轴连接在一起。离合器盖与飞轮以螺栓连接,压盘与离合器盖之间用3～4个传动钢片传递转矩。

②从动部分。离合器从动部分包括从动盘和从动轴(即变速器输入轴)。

③压紧装置与分离机构。离合器压紧装置与分离机构由膜片弹簧、枢轴环、传动钢片等组成。

膜片弹簧既是压紧弹簧,又是分离杠杆,使结构简化,同时也缩小了离合器的轴向尺寸。由于膜片弹簧与压盘以整个圆周相接触,因而对压盘的压力分布均匀,使摩擦面接触良好,磨损均匀。另外膜片弹簧的弹簧特性优于圆柱螺旋弹簧。

④操纵机构。操纵机构由位于离合器壳内的分离杠杆、分离轴承、分离套筒、分离叉、离合器踏板、传动机构和助力机构等组成。

(2)膜片弹簧式离合器的特点。

膜片弹簧离合器具有结构简单、轴向尺寸小、良好的弹性性能、能自动调节压紧力、操纵轻便、高速时压紧力稳、分离杠杆平整、无须调整、高速平衡性好、散热通风好、摩擦片的使用寿命长等优点,因此,在中小型汽车上广泛使用。

2)周布弹簧式离合器的结构

(1)单片周布弹簧式离合器的结构如图2-7所示。

具有若干个螺旋弹簧分布在压盘周围并作为压紧弹簧的离合器,称为周布弹簧式离合器。

周布弹簧式离合器的主动部分、从动部分的结构与膜片弹簧式离合器的基本相同。

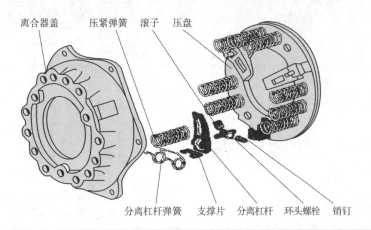

图2-7 周布弹簧式离合器的结构

①主动部分。主动部分包括飞轮、离合器盖、压盘等。
②从动部分。从动部分包括从动盘、从动轴(即变速器输入轴)。
③压紧机构。周布弹簧式离合器的压紧机构由若干根螺旋弹簧(压紧弹簧)组成,螺旋弹簧沿压盘周向对称布置,装在压盘和离合器盖之间。
④分离操纵机构。分离叉与其转轴制成一体,轴的两端靠衬套支承在离合器壳上。

(2)周布弹簧式离合器特点。
周布弹簧式离合器结构高度较大,部件较多。离合器分离时,施加在踏板上的力越大,离合器分离越彻底。

二、实施作业

引导问题2 作业前应该准备哪些工、量具和设备？

(1)工、量具：组合工具、专用工具、扭力扳手、游标卡尺、百分表等。
(2)设备：手动变速器的卡罗拉轿车1.6L车型或其他手动变速器的轿车(根据本校现有设备实际情况)。
(3)维修手册、评分表等。

引导问题3 如何进行作业前的准备工作？

(1)现场安全确认：车辆、举升机、工位。
(2)车辆防护：三件套、翼子板布、前格栅布、车轮挡块、干净抹布等。

引导问题4 通过查询和查找,你能找到以下信息吗？

请完成车辆基本信息表,见表2-1。

车辆基本信息表　　　　　　　表2-1

项　目	具体信息	项　目	具体信息
车牌号码		发动机型号及排量	
行驶里程		车辆识别代码(VIN)	

引导问题5　如何对离合器分离不彻底的故障进行检修？

请查阅维修手册,根据以下步骤进行作业。

1 离合器的拆卸

(1)拆下手动传动桥总成,如图2-8所示。

(2)拆卸离合器分离叉分总成,从手动传动桥上拆下带离合器分离轴承的离合器分离叉,如图2-9所示。

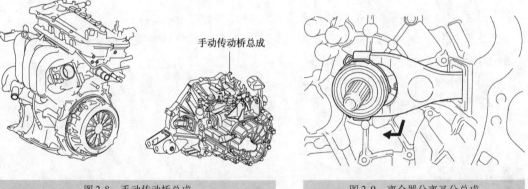

图2-8　手动传动桥总成　　　　　　图2-9　离合器分离叉分总成

(3)拆卸离合器分离叉防尘套,从手动传动桥上拆下离合器分离叉防尘套,如图2-10所示。

(4)拆卸离合器分离轴承总成,从离合器分离叉上拆下分离轴承和卡子,如图2-11所示。

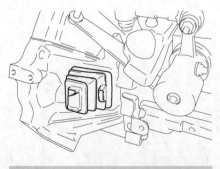
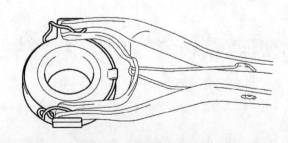

图2-10　离合器分离叉防尘套　　　　图2-11　离合器分离轴承总成

(5)拆卸分离叉支撑件,从手动传动桥上拆下分离叉支撑件,如图2-12所示。

(6)拆卸离合器盖总成。如图2-13所示在离合器盖总成和飞轮分总成上做好装配标记;每次将各固定螺栓拧松一圈,直至弹簧张力被完全释放;拆下固定螺栓并拉下离合器盖。

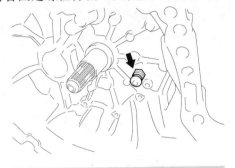

图2-12 分离叉支撑件　　　　图2-13 装配标记

注意:不要让离合器盖掉落。

(7)拆下离合器盘总成。

注意:离合器盘总成衬片部分及压盘和飞轮分、总成表面要远离油污。

2 检查离合器零部件

1)检查离合器盘总成

(1)用游标卡尺测量铆钉头深度,铆钉最小深度为0.3mm。如果有必要,更换离合器盘总成。

(2)将离合器盘总成安装至传动桥总成。

注意:按正确方向插入离合器盘总成。

(3)用百分表测量离合器盘总成的径向跳动,最大径向跳动为0.8mm。如果有必要,更换离合器盘总成。

2)检查离合器盖总成

用游标卡尺测量膜片弹簧磨损的深度和宽度,最大深度 A 为 0.5mm,最大宽度 B 为 6.0mm。如果有必要,更换离合器盖总成,如图2-14所示。

3)检查飞轮分总成

用百分表测量飞轮分总成的径向跳动。最大径向跳动为0.1mm。如果有必要,更换飞轮分总成,如图2-15所示。

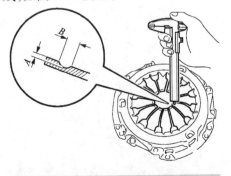 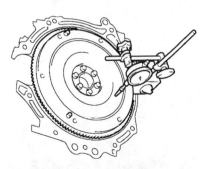

图2-14 检查离合器盖总成　　　　图2-15 检查飞轮分总成

4)检查离合器分离轴承总成

(1)在轴向施力时,旋转离合器分离轴承总成的滑动部件(与离合器盖的接触面),检查并确认离合器分离轴承总成移动平稳且无异常阻力,如图2-16所示。

(2)检查离合器分离轴承总成是否损坏或磨损。如果有必要,更换分离轴承总成。

3 离合器的安装

1)安装离合器盘总成

将专用工具插入离合器盘总成,然后将它们一起插入飞轮分总成,如图2-17所示。

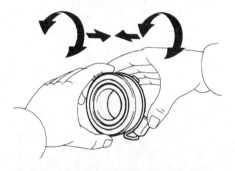
图2-16 检查离合器分离轴承总成

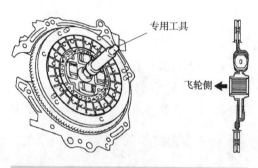
图2-17 安装离合器盘总成

注意:按正确方向插入离合器盘总成。

2)安装离合器盖总成

(1)将离合器盖总成上的装配标记和飞轮分总成上的装配标记对准。

(2)按照如图2-18中数字所示的顺序所示的步骤,从位于顶部锁销附近的螺栓1开始,按顺序1~7拧紧6个螺栓,拧紧力矩为19N·m。

提示:按照如图2-18数字所示的顺序,依次均匀拧紧每一个螺栓。

检查并确认盘位于中心位置后,上下左右轻微地移动专用工具,然后再拧紧所有螺栓。

3)检查并调整离合器盖总成

(1)用带滚子仪的百分表检查膜片弹簧顶端高度偏差,最大偏差为0.9mm,如图2-19所示。

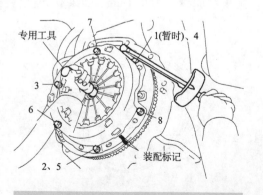
图2-18 安装离合器盖总成

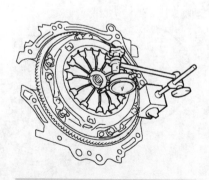
图2-19 检查并调整离合器盖总成

(2)如果偏差不符合规定,用专用工具调整膜片弹簧顶端高度偏差,如图2-20所示。

4)安装分离叉支撑件

安装分离叉支撑件,将分离叉支撑件安装至传动桥总成,螺栓拧紧力矩为37N·m。

5)安装离合器分离叉防尘套

安装离合器分离叉防尘套,将离合器分离叉防尘套安装至手动传动桥。

6)安装离合器分离叉分总成

(1)在分离叉和分离轴承总成、分离叉和推杆、分离叉和叉支撑件间的接触面上涂抹分离毂润滑脂,如图2-21所示。润滑脂采用丰田原厂分离毂润滑脂或同等产品。

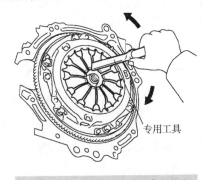

图2-20 调整膜片弹簧顶端高度偏差

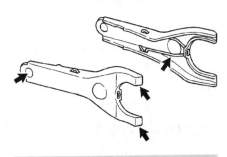

图2-21 涂抹分离毂润滑脂

(2)用卡子将分离叉安装至分离轴承总成。

7)安装离合器分离轴承总成

(1)在输入轴花键上涂抹离合器花键润滑脂,如图2-22所示。润滑脂采用丰田原厂离合器花键润滑脂或同等产品。

注意:不要在图2-22中所示的A部位涂抹润滑脂。

(2)将带分离叉的离合器分离轴承安装至传动桥总成。

注意:安装完毕后前后移动分离叉以检查分离轴承是否滑动平稳。

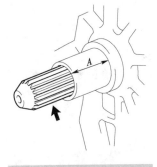

图2-22 输入轴花键上涂抹离合器花键润滑脂

三 评价与反馈

对本学习任务进行评价,如表2-2所示。

评 价 表　　　　　　表2-2

评价项目	评分标准	分数	学生自评	小组互评	教师评价	小计
团队合作情况	是否和谐	5				
活动参与情况	是否主动	5				
安全生产情况	有无安全隐患	10				
现场6S执行情况	是否做到	10				
任务方案设计	是否合理	10				

续上表

评价项目	评分标准	分数	学生自评	小组互评	教师评价	小计
操作过程情况	(1)举升机操作; (2)离合器总成的拆卸、安装与调整; (3)离合器总成各主要零件的检测	30				
任务完成情况	是否圆满完成	5				
工、量具和设备的使用	是否标准、规范	10				
劳动纪律	是否严格遵守	5				
项目工单的填写	是否完整、规范	10				
总分		100				
教师签名:					得分:	

四 学习拓展

(1)查阅资料,说明凯越、思域轿车离合器压盘和从动盘的拆装及检测方法。

(2)查阅资料,说明宇通品牌 ZK6116HB(HF)公交车离合器的拆装及检测方法。

项目二 手动变速器的检修

项目描述

手动变速器是手动挡汽车的重要组成部分。手动变速器工作不良或失效,将导致在使用过程中会出现挂挡困难、跳挡、乱挡、异响、漏油等故障。学生通过完成两个学习任务,掌握变速器的作用和分类、齿轮传动的原理、齿轮油的分类与组成、变速器的组成、变速器的工作原理、变速器的动力传递路线等知识,能规范使用工、量具和设备对手动变速器进行拆装及检查,为后续的项目学习打下良好的基础。

学习任务三 手动变速器油的检查与更换

学习目标

◎ 知识目标
  (1)能够叙述变速器的作用与类型。
  (2)能够叙述齿轮传动的基本原理。
  (3)能够叙述变速器的基本组成。
  (4)能够叙述手动变速器操纵机构的作用和类型。
  (5)能够叙述齿轮油的分类与组成。

◎ 技能目标
  (1)能规范地对手动变速器油进行检查。
  (2)能规范地对手动变速器油进行更换。
  (3)能规范正确地使用工、量具和设备。

◎ 素养目标
  (1)具备团队合作精神和6S理念。
  (2)提高安全、环境保护和节约意识。
  (3)养成服从管理、规范作业的工作习惯。
  (4)树立客户至上的服务意识。

建议完成本学习任务的时间为 **8** 课时。

 学习任务描述

一辆手动丰田卡罗拉1.6L轿车,行驶了60000km。车主需要你对手动变速器油进行检查和更换。

 学习内容

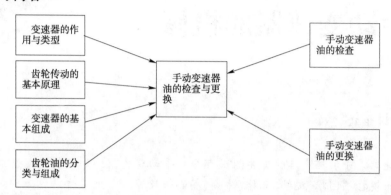

 注意事项

(1) 注意人身、设备安全,认真执行6S管理。
(2) 严格遵守操作规程。
(3) 注意清洁零件,严格按顺序摆放,以免造成装配错误。

 一 资料收集

引导问题1 手动变速器安装在汽车的什么位置?其作用是什么?

1 手动变速器的安装位置

手动变速器的安装位置如图3-1所示,其作用是将离合器传来的动力传给万向传动装置或驱动桥。

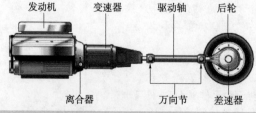

图3-1 手动变速器的安装位置

2 手动变速器的作用

变速器的作用主要有以下几方面：

（1）实现变速、变矩。改变传动比，扩大驱动轮转速和转矩的变化范围，以适应汽车在不同工况下所需的牵引力和合适的行驶速度，并使发动机尽量在最佳的工况下工作。变速器是通过不同的挡位来实现这一作用的。

（2）实现倒车。发动机的旋转方向从前往后看为顺时针方向，且是不能改变的。为了实现汽车的倒向行驶，变速器中设置了倒挡。

（3）实现中断动力传动。在发动机起动和怠速运转、变速器换挡、汽车滑行和暂时停车等情况下，都需要中断发动机的动力传递，因此，变速器中设有空挡。

引导问题2 ▶ 变速器的类型有哪些？

1 按传动比的级分

可分为有级式、无级式和综合式三种。

1）有级式变速器

有级式变速器如图3-2所示。有几个可选择的固定传动比，采用齿轮传动，可分为：齿轮轴线固定的普通齿轮变速器和部分齿轮（行星齿轮）轴线旋转的行星齿轮变速器两种。

2）无级式变速器

无级式变速器如图3-3所示。无级式变速器传动比可在一定范围内连续变化，常见的有液力式，机械式和电力式。

图3-2 有级式变速器

图3-3 无级式变速器

3）综合式变速器

综合式变速器如图3-4所示。综合式变速器由有级式变速器和无级式变速器共同组成的，其传动比可以在最大值与最小值之间几个分段的范围内作无级变化。

2 按操纵方式分

可分为手动变速器、自动变速器和手自一体变速器三种。

1) 手动变速器(简称 MT)

手动变速器是靠驾驶员直接操纵变速器变速操纵(以下简称变速杆)杆实现换挡的。手动变速器变速杆如图 3-5 所示。

图 3-4 综合式变速器

图 3-5 手动变速器变速杆

2) 自动变速器(简称 AT)

自动变速器传动比的选择和换挡是自动进行的。驾驶员只需操纵加速踏板,变速器就可以根据发动机的负荷信号和车速信号来控制执行元件,实现挡位的变换。自动变速器变速杆如图 3-6 所示。

3) 手自一体变速器

手自一体变速器可分为两类,一类是部分挡位自动换挡,部分挡位由驾驶员手动(强制)换挡;另一类是预先用按钮选定挡位,在踩下离合器踏板或松开加速踏板时,由执行机构自行换挡。手自一体变速器变速杆如图 3-7 所示。

图 3-6 自动变速器变速杆

图 3-7 手自一体变速器变速杆

引导问题3 齿轮传动的基本原理是怎样的？

普通齿轮变速器是利用不同齿数的齿轮啮合传动来实现转矩和转速的改变的。

齿轮传动的基本原理如图3-8所示。一对齿数不同的齿轮啮合传动时可以实现变速，而且两齿轮的转速比与其齿数成反比。

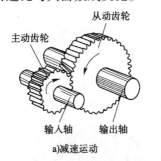 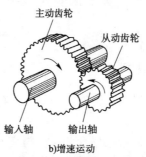

a)减速运动　　　　　　　　　　　　　b)增速运动

图3-8　齿轮传动的基本原理示意图

设主动齿轮转速为n_1、齿数为z_1；从动齿轮转速为n_2、齿数为z_2；主动齿轮(即输入轴)转速与从动齿轮(即输出轴)转速之比值为传动比(i_{12})，则由1传到2的传动比：

$$i_{12} = \frac{n_1}{n_2} = \frac{z_2}{z_1}$$

当小齿轮为主动齿轮，带动大齿轮转动时，输出转速降低，即$n_2 < n_1$，为减速传动，此时传动比大于1；当大齿轮带动小齿轮时，输出转速升高，即$n_2 > n_1$，为增速传动，此时传动比小于1。汽车变速器就是根据这一原理，利用若干大小不同的齿轮副传动实现变速的。

一对齿轮传动只能得到一个固定的传动比，从而得到一种输出转速，并构成一个挡位。为了扩大变速器输出转速的变化范围，普通齿轮式变速器通常都采用多组大小不同的齿轮啮合传动，这样就构成了多个不同的挡位。不同的挡位对应于不同的传动比值，从而得到各种不同的输出转速。

图3-9所示为两级齿轮传动示意图，齿轮1为主动齿轮，驱动齿轮2转动，齿轮3与齿轮2固连在一起，再驱动齿轮4转动，并输出动力，此时由齿轮1传到齿轮4的传动比为：

$$i_{14} = \frac{n_1}{n_4} = \frac{(z_2 z_4)}{(z_1 z_3)} = i_{12} i_{34}$$

因此，多级齿轮传动的传动比可以总结为：

$$i = \frac{\text{所有从动齿轮齿数的乘积}}{\text{所有主动齿轮齿数的乘积}} = \text{各级齿轮传动比的乘积}$$

对于变速器，各挡的传动比i就是变速器输入轴转速与输出轴转速之比(也等于变速器输出轴转矩与输入轴转矩之比)。即：

$$i = \frac{n_{\text{输入}}}{n_{\text{输出}}} = \frac{T_{\text{输出}}}{T_{\text{输入}}}$$

图3-9　两级齿轮传动示意图
1、3-主动齿轮；2、4-从动齿轮

(1) 当 $i>1$ 时，$n_{输出}<n_{输入}$，$T_{输出}>T_{输入}$，此时实现降速增矩，为变速器的低挡位，且 i 越大，挡位越低。

(2) 当 $i=1$ 时，$n_{输出}=n_{输入}$，$T_{输出}=T_{输入}$，为变速器的直接挡。

(3) 当 $i<1$ 时，$n_{输出}>n_{输入}$，$T_{输出}<T_{输入}$，此时实现升速降矩，为变速器的超速挡。

引导问题 4 ▶ 手动变速器的结构是怎样的？

手动变速器通常由换挡操纵机构、齿轮传动机构和壳体等组成。

1 换挡操纵机构

变速器换挡操纵机构的作用是保证驾驶员能准确可靠地将变速器挂入某个挡位，并可随时使之退到空挡。

变速器操纵机构根据其变速杆与变速器的相对位置不同，可分为直接操纵式和远距离操纵式两种类型。手动变速器对换挡操纵机构有着严格的操纵要求：首先应设有自锁装置，防止变速器自动换挡和自动脱挡；其次要设有互锁装置，保证变速器不会同时换入两个挡，以免发动机熄火或因运动干涉而损坏机件；最后要求设有倒挡锁，防止汽车前进运动时误挂入倒挡，引发生安全事故和机件损坏事故。

2 齿轮传动机构

齿轮传动机构由一系列的齿轮、轴、轴承以及同步器组成，如图 3-10 所示。

3 壳体

变速器壳体和盖用来安装齿轮传动机构和内部操纵机构，同时储存润滑油。

为了减轻汽车的自身质量，对于小型车辆来说，壳体和盖常采用铝合金或镁合金制造。中、重型车辆手动变速器的壳体和盖一般用铸铁制造，以保证其强度要求，如图 3-11 所示为桑塔纳 2000 五挡手动变速器的壳体。

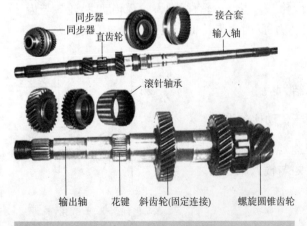

图 3-10 变速器齿轮传动机构组成

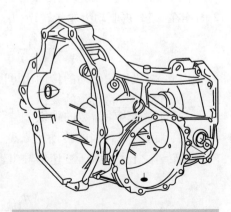

图 3-11 桑塔纳 2000 五挡手动变速器的壳体

引导问题5　手动变速器操纵机构的作用是什么？它有哪些类型？

1　手动变速器操纵机构的作用

变速器操纵机构的作用是保证驾驶员根据使用条件，准确、可靠地使变速器挂入所需要的挡位，并可随时使之退回空挡的一种机构。

2　手动变速器操纵机构的类型

变速器操纵机构按照变速杆位置的不同，可分为直接操纵式和远距离操纵式两种类型。

1）直接操纵式

直接操纵式的变速器布置在驾驶员座椅附近，变速杆由驾驶室底板伸出，驾驶员可以直接操纵，多用于发动机前置后轮驱动的车辆，解放CA1091中型货车六挡变速器操纵机构就采用这种形式，如图3-12所示。

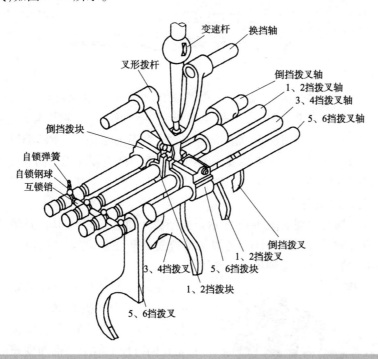

图3-12　解放CA1091中型货车六挡变速器操纵机构

2）远距离操纵式

如图3-13所示，在有些汽车上，由于变速器离驾驶员座位较远，则需要在变速杆与拨叉之间加装一些辅助杠杆或一套传动机构，构成远距离操纵机构。这种操纵机构多用于发动机前置前轮驱动（FF）的轿车，如桑塔纳2000轿车的五挡手动变速器。由于其变速器安装在前驱动桥处，远离驾驶员座椅，需要采用这种操纵方式。

远距离操纵式变速器在变速器壳体上具有类似于直接操纵式的内换挡机构,如图3-14所示。

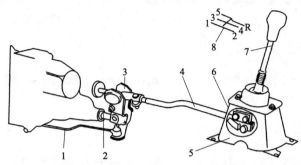

图3-13 桑塔纳2000轿车五挡手动变速器的远距离操纵机构
1-支撑杆;2-内换挡杆;3-换挡杆接合器;4-外换挡杆;5-倒挡保险挡块;6-换挡手柄座;7-变速杆;8-换挡标记

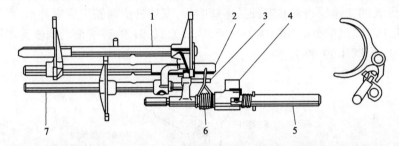

图3-14 桑塔纳2000轿车五挡手动变速器的内换挡机构
1-5、倒挡拨叉轴;2-3、4挡拨叉轴;3-定位拔销;4-倒挡保险块;5-内换挡杆;6-定位弹簧;7-1、2挡拨叉轴

为了保证变速器在任何情况下都能准确、安全、可靠地工作,变速器操纵机构一般都具有换挡锁装置,包括自锁装置、互锁装置和倒挡锁装置。自锁装置用于防止变速器自动脱挡或挂挡,并保证轮齿以全齿宽啮合;互锁装置用于防止同时挂上两个挡位;倒挡锁装置用于防止误挂倒挡。

自锁装置的结构及原理如图3-15所示。换挡拨叉轴上有3个凹坑,壳体上面的孔内装有被弹簧压紧的钢珠,当拨叉轴位置处于空挡或某一挡位置时,钢珠压在轴上的凹坑内,起到了自锁作用。

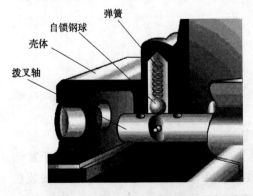

图3-15 自锁装置

互锁装置的结构及原理如图3-16所示。当中间拨叉轴移动挂挡时,另外两个拨叉轴被钢球锁住,防止同时挂上两个挡而使变速器卡死或损坏,起到了互锁作用。

倒挡锁装置的结构及倒挡原理如图3-17所示。当换挡杆下端向倒挡拨叉轴移动时,必须压缩弹簧才能进入倒挡拨叉轴上的拨块槽中。这样防止了在汽车前进时因误挂倒挡而导致零件损坏,起到了倒挡锁的作用。当倒挡拨叉轴移动挂挡时，另外两个拨叉轴被钢球锁住。

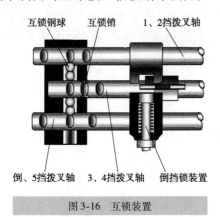
图3-16 互锁装置

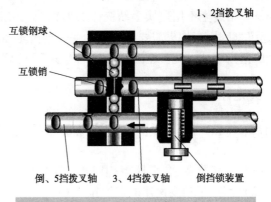
图3-17 倒挡锁装置

引导问题6　手动变速器的换挡方式有哪些？

1 直齿滑动齿轮式换挡装置

直齿滑动齿轮式换挡装置通过移动齿轮直接换挡，多用于倒挡。齿轮为直齿，内孔有花键孔套在花键轴上，由拨叉移动齿轮与另一轴上的齿轮进入啮合或退出啮合。

2 接合套式换挡装置

接合套式换挡装置用于常啮合斜齿轮传动的挡位。它利用移动套在花键毂上的接合套与传动齿轮上的接合齿圈相啮合或退出完成换挡。

引导问题7　齿轮油如何分类？齿轮油由哪些成分组成？

1 齿轮油的分类

美国石油学会将车辆齿轮油按使用性能分为 GL-1、GL-2、GL-3、GL-4、GL-5 和 GL-6 六类。其性能水平顺序逐级提高。其中，使用较多的是 GL-4 和 GL-5 两类。近年来 API 还提出了两种新使用性能分类规格，一种是 PG-1，适用于重载、高温（可达150℃）手动变速器（载货汽车与公共汽车用），另一种 PG-2，适用于有高偏置的重载轴齿轮传动（重型载货汽车最后一级传动用）。这两种新规格还要求能满足对清净分散性、密封寿命与同步啮合腐蚀极限的更高要求。

2 齿轮油的组成

齿轮油简单说就是由基础油及添加剂组成。性能的优异和选择与机油一样，要看基础油是何类型。常用于调配齿轮油的基础油有 500SN、650SN、150BS、200BS 等，有的还采用合成油如 PAO、聚醚等调和，一般 GL-4、GL-5 级的 85W/90、85W/140 及 90、140 油采用普通矿油调和则可；GL-4、GL-5 的 75W/90、80W/90 则需要用合成油调和。一般汽车生产厂家手册上都是介绍终生不用更换手动变速器齿轮油，如果您为更好地保护爱车一定要坚持更换的话，建议家庭用车如果需要更换手动变速器齿轮油，尽量使用 API 75W-90 的 GL-4、GL-5 的全合成型齿轮油。此类全合成齿轮油有美孚、壳牌、福斯等。

二 实施作业

引导问题8 作业前应该准备哪些工、量具和设备？

（1）工、量具：组合工具、专用工具、扭力扳手等。
（2）设备：手动变速器的卡罗拉1.6L 轿车或其他手动变速器的轿车（根据本校现有设备实际情况）。
（3）维修手册、评分表等。

引导问题9 如何进行作业前的准备工作？

（1）现场安全确认：车辆、举升机、工位。
（2）车辆防护：三件套、翼子板布、前格栅布、车轮挡块、干净抹布等。

引导问题10 通过查询和查找，你能找到以下信息吗？

请完成车辆基本信息表，见表3-1。

车辆基本信息表　　　　　　　　　　　　　　　　　表3-1

项　目	具体信息	项　目	具体信息
车牌号码		发动机型号及排量	
行驶里程		车辆识别代码（VIN）	

引导问题11 如何对手动变速器油进行检查与更换？

请查阅维修手册，根据以下步骤进行作业。

1 检查手动变速器油

（1）举升车辆到合适的位置。
（2）拆下变速器注油螺塞和衬垫。
（3）检查并确认油面在变速器注油螺塞开口最低点以下 0～5mm 范围内，如图3-18 所示。

注意：油液过多或过少都可能引起故障。更换机油后，驾驶车辆并再次检查油位。

（4）油面低时，检查机油是否泄漏。

（5）安装变速器注油螺塞和新衬垫，拧紧力矩为39N·m。

2 更换手动变速器油

（1）拆下底板，如图3-19所示。

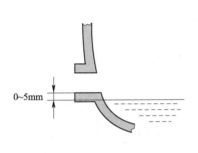

图3-18　油面高度

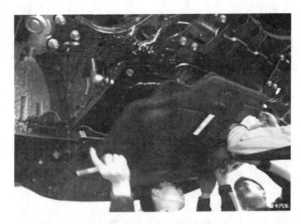

图3-19　拆下底板

（2）拆下变速器放油螺塞，如图3-20所示。

（3）放掉变速器油。

（4）从变速器油加注口处用专用加注仪器加注变速器油，如图3-21所示。

（5）启动发动机，挂入每个挡位运行一段时间，检查变速器是否漏油。

图3-20　拆变速器放油螺塞

图3-21　加注变速器油

三　评价与反馈

对本学习任务进行评价，如表3-2所示。

评 价 表 表 3-2

评价项目	评分标准	分数	学生自评	小组互评	教师评价	小计
团队合作情况	是否和谐	5				
活动参与情况	是否主动	5				
安全生产情况	有无安全隐患	10				
现场6S执行情况	是否做到	10				
任务方案设计	是否合理	10				
操作过程情况	(1)举升机操作； (2)手动变速器油的检查； (3)手动变速器油的更换	30				
任务完成情况	是否圆满完成	5				
工、量具和设备的使用	是否标准、规范	10				
劳动纪律	是否严格遵守	5				
项目工单的填写	是否完整、规范	10				
	总分	100				
教师签名：					得分：	

四 学习拓展

(1) 查阅相关资料，说明凯越、东风EQ1090等车型各使用什么型号的手动变速器油？

(2) 分析手动变速器油变质的主要原因是什么？

项目二 手动变速器的检修

学习任务四　手动变速器挂挡困难的检修

◎ **知识目标**
(1) 能够叙述二轴式、三轴式变速器的变速传动机构的结构。
(2) 能够理解二轴式、三轴式变速器的变速传动机构动力传递路线。
(3) 能够理解同步器的工作原理和叙述同步器的类型。

◎ **技能目标**
(1) 能规范地就车拆装变速器。
(2) 能规范地对变速器进行分解、组装。
(3) 能规范地对变速器主要零件进行检测。
(4) 能规范正确地使用工、量具和设备。

◎ **素养目标**
(1) 具备团队合作精神和6S理念。
(2) 提高安全、环境保护和节约意识。
(3) 养成服从管理、规范作业的工作习惯。
(4) 树立客户至上的服务意识。

 建议完成本学习任务的时间为 **14** 课时。

 学习任务描述

车主反映：自己的丰田卡罗拉ZRE151手动挡轿车，车辆在1挡、2挡、5挡和倒挡时挂挡轻松自如，但3挡和4挡挂挡困难，并伴有齿轮撞击声。需要你对变速器进行拆检。

 学习内容

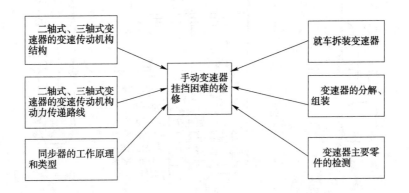

注意事项

(1) 注意人身、设备安全,认真执行6S管理。
(2) 严格遵守拆装规程。
(3) 注意清洁零件,严格按顺序摆放,以免造成装配错误。

一、资料收集

引导问题1 二轴式变速器的变速传动机构结构是怎样的?

1 二轴式变速器的变速传动机构

变速传动机构是变速器的主体。手动变速器按工作轴的数量(不包括倒挡轴)可分为二轴式变速器和三轴式变速器。

二轴式变速器用于发动机前置前轮驱动(FF)的汽车,一般与驱动桥(前桥)合称为手动变速驱动桥。前置发动机有纵向布置和横向布置两种形式,如图4-1、图4-2所示,与其配用的二轴式变速器也有两种不同的结构形式。发动机纵置时,主减速器为一对圆锥齿轮;发动机横置时,主减速器采用一对圆柱齿轮。

如图4-3、图4-4所示分别为桑塔纳2000型轿车二轴式五挡手动变速器变速传动机构的结构图和示意图。

桑塔纳2000型轿车变速器的变速传动机构有输入轴和输出轴,两轴平行布置,输入轴同时是离合器的从动轴,输出轴是主减速器的主动锥齿轮轴。该变速器具有5个前进挡(1~3挡为降速挡,4挡为直接挡,5挡为超速挡)和1个倒挡,全部采用锁环式惯性同步器换挡。

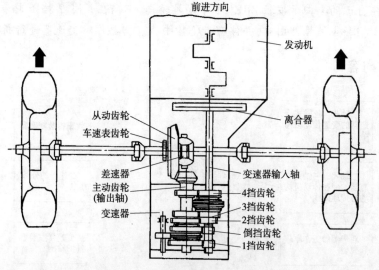

图4-1 发动机纵向布置的二轴变速器传动示意图

项目二　手动变速器的检修

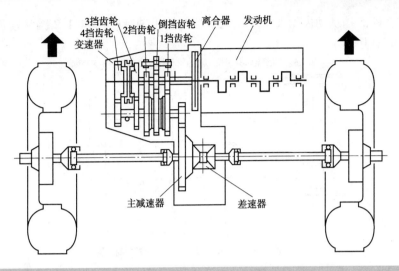

图4-2　发动机横向布置的二轴变速器传动示意图

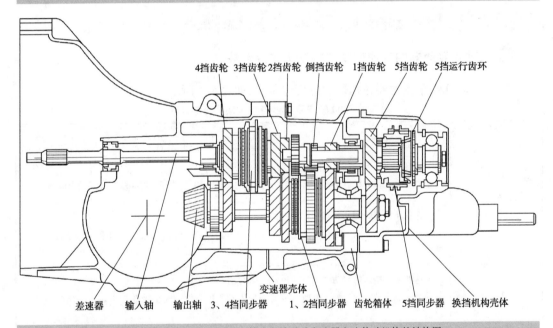

图4-3　桑塔纳2000型轿车二轴式五挡手动变速器变速传动机构的结构图

变速器的输入轴前端通过轴承支撑在发动机曲轴后端的中心孔内。输入轴上有1~5挡主动齿轮和倒挡齿轮以及3、4和5挡同步器。各机件的安装位置从前往后依次为4挡主动齿轮，3、4挡同步器，3挡主动齿轮，2挡主动齿轮，倒挡主动齿轮，1挡主动齿轮，5挡主动齿轮，5挡同步器等。其中，2挡主动齿轮、倒挡主动齿轮、1挡主动齿轮与轴制成一体，3、4、5挡主动齿轮及5挡同步器都通过轴承支撑在输入轴上，3、4挡同步器和5挡主动齿轮都通过花键固定在输入轴上。

变速器的输出轴与主减速器的主动锥齿轮制成一体，其上相应地有主减速器主动锥齿轮、1~5挡从动齿轮和1、2挡同步器。各机件的安装位置从前往后依次为主减速器主动锥齿轮，4挡从动齿轮，3挡从动齿轮，2挡从动齿轮，1、2挡同步器，1挡从动齿轮，5挡从动齿轮等。其中，3、4、5挡从动齿轮及1、2挡同步器与输出轴制成一体，1、2挡从动齿轮通过轴承支撑在输出轴上。

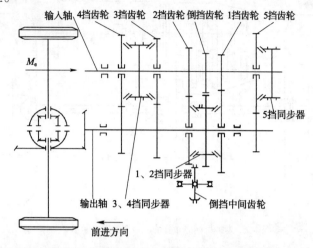

图4-4　桑塔纳2000型轿车二轴式五挡手动变速器变速传动机构的示意图

2 二轴式变速器的变速传动机构动力传递路线

桑塔纳2000轿车变速器各挡位动力传递路线，如表4-1所示。

桑塔纳2000轿车变速器各挡位动力传递路线　　　　　　　　　　表4-1

挡　　位	动　力　传　递　路　线
1挡	变速杆从空挡向左、向前移动，实现： 动力→输入轴1挡齿轮→输出轴1挡齿轮→输出轴上1、2挡同步器→输出轴→动力输出
2挡	变速杆从空挡向左、向前移动，实现： 动力→输入轴→输入轴2挡齿轮→输出轴1挡齿轮→输出轴上1、2挡同步器→输出轴→动力输出
3挡	变速杆从空挡向前移动，实现： 动力→输入轴→输入轴3、4挡同步器→输入轴3挡齿轮→输出轴3挡齿轮→输出轴→动力输出
4挡	变速杆从空挡向后移动，实现： 动力→输入轴→输入轴3、4挡同步器→输入轴4挡齿轮→输出轴4挡齿轮→输出轴→动力输出
5挡	变速杆从空挡向右、向前移动，实现： 动力→输入轴→输入轴5挡同步器→输入轴5挡齿轮→输出轴5挡齿轮→输出轴→动力输出
倒挡	变速杆从空挡向右、向后移动，实现： 动力→输入轴→输入轴倒挡齿轮→倒挡轴倒挡齿轮→输出轴倒挡齿轮→输出轴→动力反向输出

3 二轴变速器的特点

二轴变速器特点是只有输入轴和输出轴(不包括倒挡轴)两根轴,无中间轴,且输入轴与输出轴平行。

引导问题2 三轴式变速器的变速传动机构的结构是怎样的?

1 三轴式变速器的变速传动机构

三轴式变速器用于发动机前置后轮驱动(FR)的汽车。该变速器有3根主要的轴,分别称为一轴(又称输入轴)、二轴(又称输出轴)和中间轴,所以称为三轴式变速器,另外还有倒挡轴。

下面以东风EQ1092中型货车的变速器为例进行介绍。

1)东风EQ1092中型货车的三轴式手动变速器壳体和输入轴

东风EQ1092中型货车的三轴式手动变速器壳体和输入轴结构分解图,如图4-5所示。

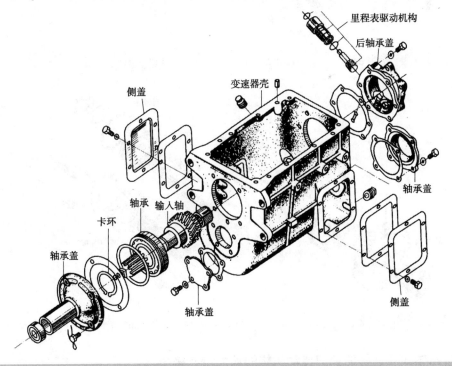

图4-5 东风EQ1092中型货车的三轴式手动变速器壳体和输入轴结构分解图

2)东风EQ1090E中型货车的三轴式手动变速器输出轴

东风EQ1090E中型货车的三轴式手动变速器输出轴结构分解图,如图4-6所示。

3)东风EQ1092中型货车的三轴式手动变速器中间轴和倒挡轴

东风EQ1092中型货车的三轴式手动变速器中间轴和倒挡轴结构分解图,如图4-7所示。

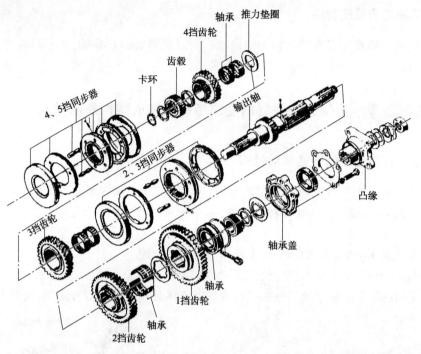

图 4-6　东风 EQ1090E 中型货车的三轴式手动变速器输出轴结构分解图

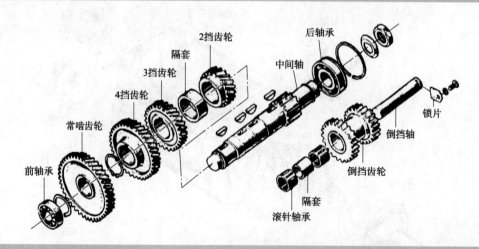

图 4-7　东风 EQ1092 中型货车的三轴式手动变速器中间轴和倒挡轴结构分解图

2　三轴式变速器的变速传动机构的动力传递路线

下面以东风 EQ1092 中型货车的变速器为例进行介绍各挡位动力传递情况,其传动示意图如图 4-8 所示。

东风 EQ1092 中型货车变速器为五挡变速器(图 4-8),各挡位动力传递情况如下：
1）空挡

二轴上的各接合套、传动齿轮均处于中间空转的位置,动力不传给第二轴。

2) 1 挡

前移 1、倒挡直齿滑动齿轮(12)与中间轴 1、倒挡齿轮(18)啮合。动力经一轴常啮合齿轮(2)→中间轴常啮合齿轮(23)→中间轴 1、倒挡齿轮(18)→二轴 1、倒挡齿轮(12)→二轴。使二轴顺时针旋转(与一轴同向)。

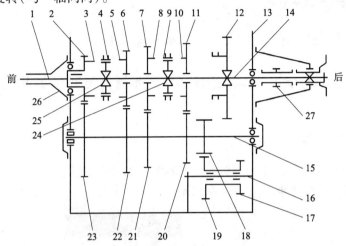

图 4-8　东风 EQ1092 中型货车的三轴式变速器传动示意图

1-一轴;2-一轴常啮合齿轮;3-一轴常啮合齿轮接合齿圈;4、9-接合套;5-4 挡齿轮接合齿圈;6-二轴 4 挡齿轮;7-二轴 3 挡齿轮;8-3 挡齿轮接合齿圈;10-2 挡齿轮接合齿圈;11-二轴 2 挡齿轮;12-二轴 1、倒挡直齿滑动齿轮;13-变速器壳体;14-二轴;15-中间轴;16-倒挡轴;17、19-倒挡中间齿轮;18-中间轴 1、倒挡齿轮;20-中间轴 2 挡齿轮;21-中间轴 3 挡齿轮;22-中间轴 4 挡齿轮;23-中间轴常啮合齿轮;24、25-花键毂;26-一轴轴承盖;27-回油螺纹

3) 2 挡

后移接合套(9)与 2 挡齿轮接合齿圈(10)啮合。动力经一轴常啮合齿轮(2)→中间轴常啮合齿轮(23)→中间轴 2 挡齿轮(20)→二轴 2 挡齿轮(11)→2 挡齿轮接合齿圈(10)→接合套(9)→花键毂(24)→二轴。使二轴顺时针旋转。

4) 3 挡

前移接合套(9)与 3 挡齿轮接合齿圈(8)啮合。动力经一轴常啮合齿轮(2)→中间轴常啮合齿轮(23)→中间轴 3 挡齿轮(21)→二轴 3 挡齿轮(7)→3 挡齿轮接合齿圈(8)→接合套(9)→花键毂(24)→二轴。使二轴顺时针旋转。

5) 4 挡

后移接合套(4)与 4 挡齿轮接合齿圈(5)啮合。动力经一轴常啮合齿轮(2)→中间轴常啮合齿轮(23)→中间轴 4 挡齿轮(22)→二轴 4 挡齿轮(6)→4 挡齿轮接合齿圈(5)→接合套(4)→花键毂(25)→二轴。使二轴顺时针旋转。

6) 5 挡(直接挡)

前移接合套(4)与一轴常啮合齿轮接合齿圈(3)啮合。动力直接由一轴→一轴常啮合齿轮(2)→一轴常啮合齿轮接合齿圈(3)→接合套(4)→花键毂(25)→二轴。传动比为 1。由于二轴的转速与一轴相同,故此挡也称为直接挡。

7) 倒挡

后移二轴 1、倒挡直齿滑动齿轮(12)与倒挡中间齿轮(17)啮合。动力经一轴常啮合齿轮(2)→中间轴常啮合齿轮(23)→中间轴1、倒挡齿轮(18)→倒挡中间齿轮(19)、(17)→二轴1、倒挡直齿滑动齿轮(12)→二轴。使二轴逆时针旋转,汽车倒向行驶。倒挡传动路线与其他挡位相比较,由于多了倒挡中间齿轮的传动,所以改变了二轴的旋转方向。

3 三轴式变速器的特点

三轴式变速器的特点是传动比范围较大,有直接挡,传动效率高。

引导问题3 同步器的作用是什么?同步器的类型有哪些?

1 同步器的作用

同步器的作用是依靠摩擦力使接合套与待啮合的齿圈迅速同步,缩短换挡时间;且防止在同步前啮合而产生换挡冲击,如图4-9所示。

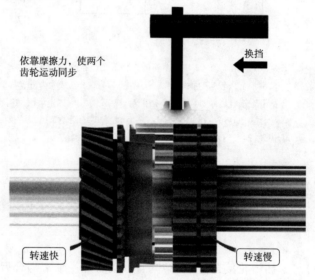

图4-9 同步器同步原理

2 同步器的类型

目前所采用的同步器几乎都是摩擦式惯性同步器。按锁止装置不同,可分为锁环式惯性同步器和锁销式惯性同步器。

1)锁环式惯性同步器的结构

图4-10所示为锁环式惯性同步器的结构。花键毂用内花键套装在二轴外花键上,用垫圈、卡环进行轴向定位。3个定位滑块分别装在花键毂上3个均匀分布的轴向槽内,沿槽可以轴向移动。花键毂两端与齿轮之间各有一个青铜制成的锁环。锁环有内锥面,与接合齿圈外锥面相配合,组成锥面摩擦副。通过这对锥面摩擦副的摩擦,可使转速不等的两齿轮在接合之前迅速达到同步。锁环上的花键齿在对着接合套的一端制有倒角(称为锁止角),且

与接合套齿端的倒角相同。同步器在结构设计上保证:只有当锁环与接合套转速达到同步时,两者方可进行啮合(即挂上挡)。

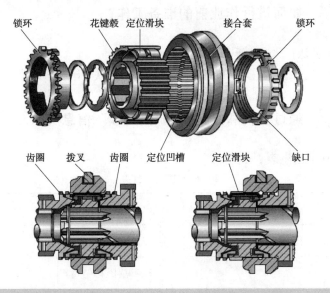

图4-10 锁环式惯性同步器的结构

2)锁销式惯性同步器的结构

如图4-11所示为锁销式惯性同步器的结构分解图。

图4-11 锁销式惯性同步器的结构分解图

二、实施作业

引导问题4 作业前应该准备哪些工、量具和设备?

(1)工、量具:组合工具、扭力扳手、百分表、螺旋测微器等。
(2)设备:手动变速器的卡罗拉 ZRE151 型轿车或其他手动变速器的轿车(根据本校现有设备实际情况)。

(3)维修手册、评分表等。

引导问题5　如何进行作业前的准备工作?

(1)现场安全确认：车辆、举升机、工位。
(2)车辆防护：三件套、翼子板布、前格栅布、车轮挡块、干净抹布等。

引导问题6　通过查询和查找,你能找到以下信息吗?

请完成车辆基本信息表,见表4-2。

车辆基本信息表　　　　　　　　　　　　　　　　　　表4-2

项　目	具 体 信 息	项　目	具 体 信 息
车牌号码		发动机型号及排量	
行驶里程		车辆识别代码(VIN)	

引导问题7　如何对丰田卡罗拉 ZRE151 型轿车五挡手动变速器进行检修?

请查阅维修手册,根据以下步骤进行作业。

1　拆卸变速器总成

按相关技术要求从车上拆下发动机带手动传动桥总成(图2-8),并将变速器和发动机分离。

2　固定变速器总成

将变速器总成固定在拆装架或工作台上。

3　变速器总成的分解

(1)从手动变速器壳上拆下手动变速器注油螺塞和衬垫。
(2)从手动变速器壳上拆下放油螺塞分总成和衬垫。
(3)拆卸速度表从动齿轮孔盖分总成。
①从传动桥壳上拆下螺栓和速度表从动齿轮孔盖分总成。
②从速度表从动齿轮孔盖分总成上拆下 O 形圈,如图4-12 所示。
(4)拆卸倒车灯开关总成。
①从 2 个卡夹上分离倒车灯开关线束。
②用专业工具 SST 从手动变速器壳上拆下倒车灯开关总成和衬垫,如图4-13 所示。
(5)拆卸选挡直角杠杆总成。

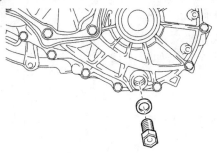

图4-12 拆下O形圈

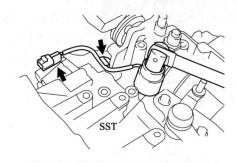

图4-13 拆下倒车灯开关总成

①从手动变速器壳上拆下2个螺栓、螺母和选挡直角杠杆总成,如图4-14所示。
②拆下控制直角杠杆防尘罩。
(6)拆卸地板式换挡控制杆。
①拆下螺母和垫圈,如图4-15所示。

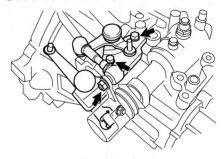

图4-14 拆下选挡直角杠杆总成

图4-15 拆卸地板式换挡控制杆螺母和垫圈

②用铜棒和锤子拆下锁销。
③拆下地板式换挡控制杆和防尘罩。
(7)拆卸换挡杆阻尼器。
①拆下螺母和垫圈,如图4-16所示。
②用铜棒和锤子拆下锁销。
③拆下换挡杆阻尼器和防尘罩。
(8)从手动变速器壳上拆下换挡导向销和垫圈,如图4-17所示。

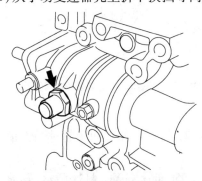

图4-16 拆下换挡杆阻尼器螺母和垫圈

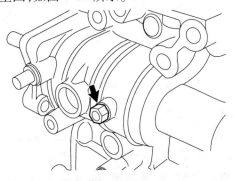

图4-17 拆下换挡导向销和垫圈

(9) 从手动变速器壳上拆下 4 个螺栓、控制轴罩和衬垫。

(10) 用螺丝刀从控制轴罩上拆下控制轴罩油封。

(11) 从手动变速器壳上拆下换挡和选挡杆轴总成，如图 4-18 所示。

(12) 拆卸手动变速器盖分总成上的 9 个螺栓。

注意：不要损坏手动变速器壳。

(13) 拆卸手动变速器输出轴后固定螺母，如图 4-19 所示。

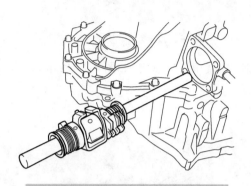

图 4-18 拆下换挡和选挡杆轴总成　　图 4-19 拆卸手动变速器输出轴后固定螺母

①用冲子和锤子松开手动变速器输出轴后固定螺母。

②使 2 个齿轮同步啮合以锁止变速器。

③拆下手动变速器输出轴后固定螺母。

④分离 2 个齿轮。

(14) 拆卸 3 号换挡拨叉，如图 4-20 所示。

(15) 用百分表测量 5 挡齿轮轴向间隙，如图 4-21 所示。如果间隙超过最大值，更换变速器 3 号离合器毂、5 挡齿轮或输入轴后径向滚珠轴承。

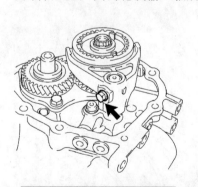
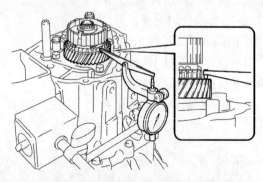

图 4-20 拆卸 3 号换挡拨叉　　图 4-21 用百分表测量 5 挡齿轮轴向间隙

提示：标准间隙为 0.10～0.55mm。

(16) 用百分表测量 5 挡齿轮径向间隙，如图 4-22 所示。如果间隙超过最大值，更换 5 挡齿轮、5 挡齿轮滚针轴承或输入轴。

提示：NSK 制造轴承，标准间隙为 0.015～0.056mm；KOYO 制造轴承，标准间隙为 0.015～0.058mm。

(17)拆卸变速器 3 号离合器毂,如图 4-23 所示。

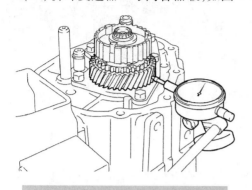

图 4-22 用百分表测量 5 挡齿轮径向间隙

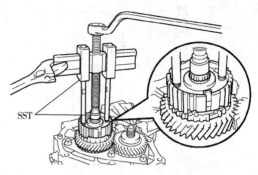

图 4-23 拆卸变速器 3 号离合器毂

(18)从输入轴上拆下 5 挡齿轮滚针轴承和 5 挡齿轮轴承隔垫。
(19)用 SST 从输出轴上拆下 5 挡从动齿轮,如图 4-24 所示。
(20)拆卸后轴承护圈。
(21)用卡环扩张器从输出轴上拆下输出轴后轴承孔卡环。
(22)用卡环扩张器从输入轴上拆下输出轴入轴承孔卡环。
(23)拆卸倒挡惰轮轴螺栓。
(24)拆卸换挡拨叉轴卡环。用 2 把螺丝刀和锤子从 2 号换挡拨叉轴上轻轻敲出卡环。
(25)拆卸换挡锁止钢球。
①用六角扳手从手动变速器壳上拆下 2 号换挡锁止钢球螺塞,如图 4-25 所示。

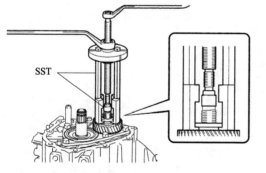

图 4-24 拆下 5 挡从动齿轮

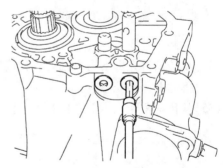

图 4-25 拆下 2 号换挡锁止钢球螺塞

②用磁吸工具从手动变速器壳上拆下 2 个换挡锁止钢球 1 号弹簧座、2 个换挡锁止钢球弹簧和 2 个换挡锁止钢球,如图 4-26 所示。
③用六角扳手从传动桥壳上拆下换挡锁止钢球螺塞。
④用磁吸工具从传动桥壳上拆下弹簧座、弹簧和钢球。
(26)拆卸 2 号锁止钢球总成。
(27)拆卸手动变速器壳。
(28)从传动桥壳上拆下倒挡惰轮分总成、止推垫圈和倒挡惰轮轴,如图 4-27 所示。

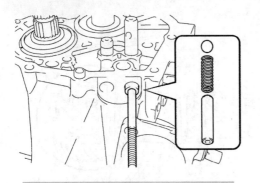
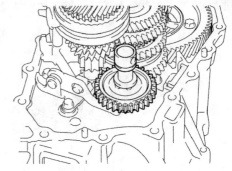

图4-26 拆下换挡锁止钢球　　图4-27 拆下倒挡惰轮分总成、推力垫圈和倒挡惰轮轴

(29) 从传动桥壳上拆下2个螺栓和倒挡换挡臂支架总成。

(30) 拆卸2号换挡拨叉轴,如图4-28所示。

(31) 拆卸1号换挡拨叉轴,如图4-29所示。

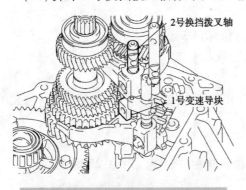

图4-28 拆卸2号换挡拨叉轴　　图4-29 拆卸1号换挡拨叉轴

(32) 拆卸3号换挡拨叉轴,如图4-30所示。

(33) 从传动桥壳拆下输入轴总成和输出轴总成。

(34) 拆卸差速器壳总成。

(35) 从传动桥壳上拆下螺栓和手动传动桥壳集油槽,如图4-31所示。

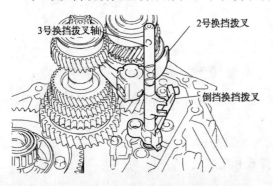
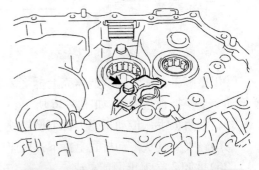

图4-30 拆卸3号换挡拨叉轴　　图4-31 拆下螺栓和手动传动桥壳集油槽

(36) 拆卸倒挡定位销总成。

(37)拆卸1号集油管。
(38)拆卸2号集油管。
(39)拆卸轴承锁止板。
(40)拆卸变速器磁铁。
(41)用SST从传动桥壳上拆下输入轴前轴承。
(42)用螺丝刀从传动桥壳拆下前传动桥壳油封。
(43)用SST从传动桥壳拆下输出轴前轴承,如图4-32所示。
(44)从传动桥壳拆下输出轴盖。
(45)拆卸前差速器壳前圆锥滚子轴承,如图4-33所示。

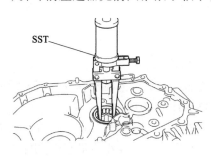
图4-32 拆下输出轴前轴承

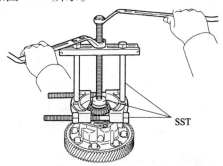
图4-33 拆卸前差速器壳前圆锥滚子轴承

(46)拆卸传动桥壳油封。
(47)拆卸前差速器壳后圆锥滚子轴承。
(48)用SST和锤子从手动变速器壳上敲出变速器油封。
(49)拆卸换挡和选挡杆轴油封。
(50)拆卸换挡和选挡杆轴滑动滚珠轴承。

4 变速器零部件的检查

(1)检查同步器3号锁环,如图4-34所示。
(2)检查变速器3号接合套,如图4-35所示。

图4-34 检查同步器3号锁环

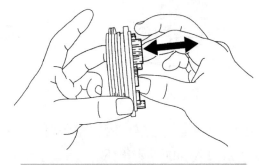
图4-35 检查变速器3号接合套

(3)检查5挡齿轮,如图4-36所示。
提示:标准内径为29.915~29.931mm。

(4)检查倒挡惰轮总成,如图4-37所示。

提示:齿轮标准内径为18.040~18.058mm;轴标准外径为17.966~17.984mm。

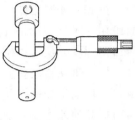

a)测量齿轮内径　　　　　　a)测量轴外径

图4-36　检查5挡齿轮　　　　图4-37　检查倒挡惰轮总成

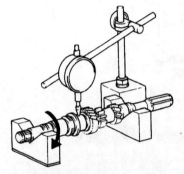

图4-38　用百分表检查输入轴的径向跳动

(5)变速器输入轴的检查。

①用百分表检查输入轴的径向跳动,如图4-38所示。

提示:最大径向跳动为0.015mm。

②用螺旋测微器在所示位置测量输入轴轴颈表面的外径,如图4-39所示。如果任一外径小于最小值,更换输入轴。

提示:标准外径,A 为24.885~24.900mm;B 为28.991~29.006mm;C 为30.985~31.00mm;D 为24.985~25.00mm。

③用量缸表测量4挡齿轮的内径,如果内径超过最大值,更换4挡齿轮。

提示:标准内径为34.015~34.031mm。

④用量缸表测量3挡齿轮的内径。如果内径超过最大值,更换3挡齿轮。

提示:标准内径为36.015~36.031mm。

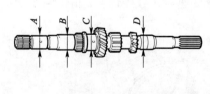

图4-39　用螺旋测微器测量输入轴轴颈表面的外径

⑤检查4挡齿轮同步器锁环。

⑥检查3挡齿轮同步器锁环。

⑦检查变速器2号接合套。

(6)变速器输出轴检查。

①用百分表和2个V形块检查输出轴径向跳动,如图4-40所示。最大径向跳动为0.015mm。如果径向跳动超过最大值,更换输出轴。

②用螺旋测微器在所示位置测量输出轴轴颈表面的外径,如图4-41所示。如果外径小于最小值,更换输出轴。

提示:标准外径,A 为 31.985~32.000mm;B 为 37.985~38.000mm;C 为 32.985~33.000mm。

③用量缸表测量2挡齿轮的内径。如果内径超过最大值,更换1挡齿轮。

提示:标准内径为 38.015~38.031mm。

④用量缸表测量1挡齿轮的内径。如果内径超过最大值,更换1挡齿轮。

提示:标准内径为 44.015~44.031mm。

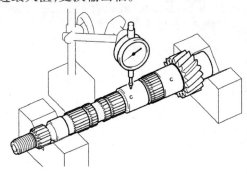

图 4-40 检查输出轴径向跳动

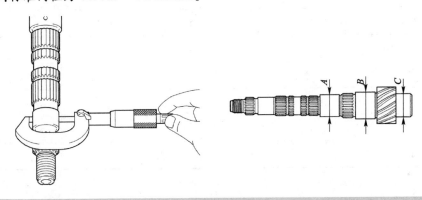

图 4-41 测量输出轴轴颈表面的外径

⑤用螺旋测微器测量1挡齿轮推力垫圈。如果厚度小于最小值,更换1挡齿轮推力垫圈。

提示:标准厚度为 5.975~6.025mm。

⑥检查同步器2号锁环组件(2挡齿轮)。

⑦检查同步器1号锁环组件(1挡齿轮)。

⑧检查倒挡齿轮。

⑨检查变速器1号离合器毂。

5 变速器装配

变速器装配过程按拆卸相反过程进行。

提示:按要求更换衬垫、油封等一次性零件;各部螺栓按规定力矩拧紧。

三 评价与反馈

对本学习任务进行评价,如表4-3所示。

评 价 表 表4-3

评价项目	评分标准	分数	学生自评	小组互评	教师评价	小计
团队合作情况	是否和谐	5				
活动参与情况	是否主动	5				
安全生产情况	有无安全隐患	10				
现场6S执行情况	是否做到	10				
任务方案设计	是否合理	10				
操作过程情况	(1)举升机操作； (2)就车拆装变速器； (3)变速器分解、组装； (4)变速器主要零件检测	30				
任务完成情况	是否圆满完成	5				
工、量具和设备的使用	是否标准、规范	10				
劳动纪律	是否严格遵守	5				
项目工单的填写	是否完整、规范	10				
	总分	100				
教师签名：					得分：	

四 学习拓展

(1)查阅资料,说明凯越、桑塔纳2000轿车手动变速器的拆装方法。

(2)查阅资料,说明东风EQ1092中型货车手动变速器的拆装方法。

项目三 传动轴及驱动桥的检修

项目描述

传动轴(前轮驱动)的车辆,经常出现防尘罩损坏;后轮驱动的车辆,传动轴也经常会出现抖动、驱动桥异响等故障。学生通过完成本项目的三个学习任务,掌握传动系的基本作用及布置形式、等速万向传动装置的组成、普通万向传动装置的组成及万向节的类型、驱动桥的作用及组成、主减速器结构原理、差速器的结构原理、半轴的结构原理等知识,能规范使用工、量具和设备对传动轴及驱动桥进行拆装及检查,为后续的项目学习打下良好的基础。

学习任务五 传动轴(前轮驱动)防尘罩的检查与更换

学习目标

◎ 知识目标
(1)能够叙述传动系的基本作用及布置形式。
(2)能够叙述等速万向传动装置的组成及原理。

◎ 技能目标
(1)能规范地对传动轴防尘罩进行更换。
(2)能规范地对等速万向传动装置进行拆装与检查。
(3)能规范正确地使用工、量具和设备。

◎ 素养目标
(1)具备团队合作精神和6S理念。
(2)提高安全、环境保护和节约意识。
(3)养成服从管理、规范作业的工作习惯。
(4)树立客户至上的服务意识。

建议完成本学习任务的时间为 8 课时。

 学习任务描述

有一辆丰田卡罗拉轿车,行驶里程 30000km,低速转向行驶时,底盘部分有异响,特别是在转向打到底的情况下,响声更明显,发出连续的"嘎啦、嘎啦"声。需要你对车辆传动轴部分防尘罩进行检查与更换。

 学习内容

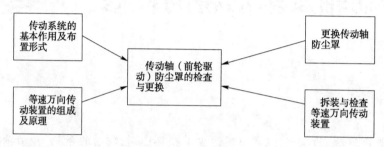

 注意事项

(1) 注意人身、设备安全,认真执行 6S 管理。
(2) 严格遵守拆装规程。
(3) 注意清洁零件,严格按顺序摆放,以免造成装配错误。

 资料收集

引导问题 1 传动系统的基本作用是什么?传动系统的总体布置形式有哪些?

1 传动系统的基本作用

我们把汽车发动机与驱动轮之间的动力传递装置称为汽车传动系统。汽车传动系统的基本功用是将发动机发出的动力按照需要传给驱动轮,并保证汽车正常行驶。

2 传动系统的总体布置形式

传动系统的布置形式主要取决于传动系统与发动机在汽车上的相对位置。就目前常见的汽车而言,大致可分为以下五种类型:

1) 发动机前置前轮驱动

发动机前置前轮驱动英文缩写为 FF。这种布置形式为微型、普通级和中级轿车所广泛采用,如桑塔纳、奥迪、富康、丰田佳美等大多数轿车采用此类结构。这种布置类型使得发动机、离合器、变速器以及主减速器、差速器等总成连成一体,结构紧凑。与发动机前置后轮驱动相比,车辆的质量可减小8%。这种布置类型根据发动机装置不同又可分为发动机横置和纵置两种形式,其布置示意图如图5-1、图5-2所示。

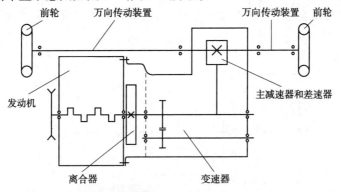

图5-1 发动机前置前轮驱动(横置)示意图

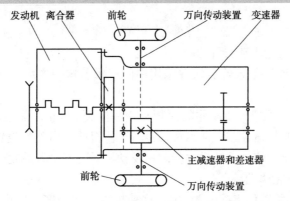

图5-2 发动机前置前轮驱动(纵置)示意图

(1)发动机前置前轮驱动(横置)布置的优点如下:

①轴距可缩短10%。

②主减速器的螺旋锥齿轮改为圆柱斜齿轮,降低制造成本。

③使汽车具有不足转向特性、较好的方向稳定性以及高速行驶安全性。

(2)发动机前置前轮驱动(横置)布置的缺点如下:

①在湿滑路面尤其是爬坡时,因前轮的附着力减小而使操纵稳定性变坏。

②由于后轮的载荷小,即附着力小,汽车制动时后轮易引起抱死侧滑,故要加装制动压力调节装置或装用 ABS 系统。

③发动机舱空间布置较拥挤,维修时拆装不方便。

2)发动机前置后轮驱动

发动机前置后轮驱动英文缩写为 FR。这种布置形式为载重车所广泛采用,部分客车以及中高级轿车也常采用,如解放 CA1092、东风 EQ1092、五十铃、丰田皇冠、雷克萨斯、法国标致等车辆都采用这一结构。发动机前置后轮驱动结构布置示意图如图5-3 所示。

(1)发动机前置后轮驱动布置的优点如下:
①发动机通风冷却效果好,车厢供暖方便。
②传动系统以及操纵机构的布置简单。
③对于载重车,前后轴轴荷分配合理;汽车起步、加速、爬坡时附着性能好,轮胎磨损少。
④使汽车转向性能趋于中性稍偏不足转向,具有良好的方向稳定性和操纵灵敏性。

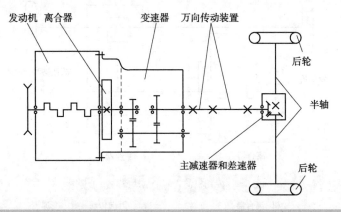

图 5-3　发动机前置后轮驱动示意图

(2)发动机前置后轮驱动布置的缺点如下:
①轴距长,传动轴也较长,需分段并采用中间支承。这一方面将使汽车重心偏高,另一方面易引起共振。
②客车采用此布置类型,使车厢的面积利用率降低,车厢内隔热不好、减振困难、噪声大。废气易进入车厢,舒适性差。前悬短,后悬长,使得前车门不易设置,汽车上下坡道易刮擦地面,所以现代客车的传动系统已逐步改用发动机后置或中置后轮驱动形式。

3)发动机后置后轮驱动

发动机后置后轮驱动英文缩写为 RR。这种布置形式为客车所广泛采用,如上饶客车、桂林大宇等客车均采用此结构。其结构布置示意图如图 5-4 所示。

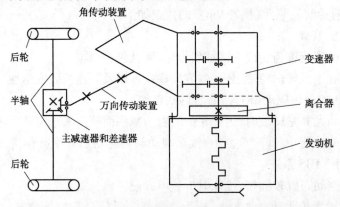

图 5-4　发动机后置后轮驱动结构布置示意图

(1)发动机后置后轮驱动布置的优点如下:
①前轴载荷减小,转向轻便。

②发动机和传动系的热量、尾气、振动、噪声对车厢的影响小。

③车厢面积利用率高。

（2）发动机后置后轮驱动的缺点如下：

①发动机通风散热差，易过热。

②对发动机和离合器、变速器等总成远距离操纵较困难。

4）发动机中置后轮驱动

发动机中置后轮驱动英文缩写为 MR。这种布置形式主要用于客车。其结构特点和发动机后置后轮驱动相似，总体上来看比后置后轮驱动差，故这一结构形式在客车上应用也不多。

5）发动机前置全轮驱动

四轮汽车的全轮驱动形式英文缩写为 4WD。这种布置形式为越野车和部分工程车辆所广泛采用，目前一些高档轿车上也有采用这种形式的，如北京吉普、切诺基、三菱吉普以及某些国产军用车辆等的传动系统，其结构布置示意图如图 5-5 所示。这一布置形式用在早期的越野车辆和特种车辆上，其动力传递采用非常接合式全轮驱动，即驾驶员可根据道路情况手动选择全轮驱动或两轮驱动。现代高档轿车上采用的发动机前置全轮驱动方式属于常接合式全轮驱动类型，即车辆在任何情况下行驶，所有车轮都具有驱动能力。目前，这种结构类型还采用计算机控制技术。

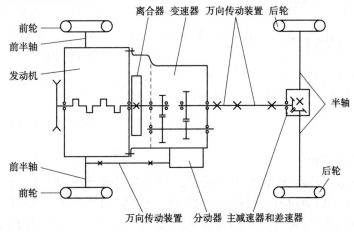

图 5-5　发动机前置全轮驱动示意图

（1）发动机前置全轮驱动的优点如下：

①整车车轮与路面的附着力全部被利用，提高汽车在不良路面的牵引能力和通过性，即对各种路面的适应能力强。

②常接合式全轮驱动具有在湿滑路面上更好的驱动能力。低挡加速性好，驱动力不受前后轴载荷变化的影响。

③车辆行驶稳定性好，对侧向力的敏感性小，轮胎磨损均匀。

（2）发动机前置全轮驱动的缺点如下：

①结构复杂，整车装备质量大（比其他结构增加约 6% ~ 10%）。

②造价高，油耗高，经济性稍差，汽车的最高车速也有所降低。

引导问题2　等速万向传动装置组成是什么？它的工作原理是怎样的？

1 等速万向传动装置的组成

等速万向传动装置多用于发动机前置、前轮驱动汽车，主要由等速万向节、中间轴及驱动轴等组成。

2 等速万向传动装置的工作原理

目前常见的等速万向节为球叉式万向节和球笼式万向节。等速万向节的基本原理是从结构上保证万向节在工作过程中，其传力点永远位于两轴交点的平分面上。图5-6所示为一对大小相同的锥齿轮传动示意图。两齿轮的接触点 p 位于两齿轮轴线交角的平分面上，由 p 点到两轴的垂直距离都等于 r。在 P 点处两齿轮的圆周速度是相等的，因而两个齿轮旋转的角速度也相等。与此相似，若万向节的传力点在其交角变化时，始终位于角平分面内，则可使两万向节叉保持等角速度关系。

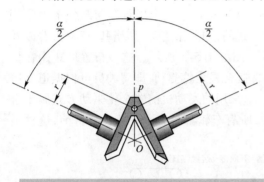

图5-6　等速万向节的基本原理

1）球叉式等速万向节

球叉式等速万向节的结构如图5-7所示，由主动叉、从动叉、4个传动钢球和定心钢球组成。其主动叉、从动叉分别与内、外半轴制成一体，叉内各有4条曲面凹槽，装合后，形成两条相交的环槽，作为钢球的滚道。4个传动钢球装在槽中，定心钢球装在两叉中心凹槽内，以定中心。

2）球笼式等速万向节

球笼式万向节按其内、外滚道结构不同又分为RF型球笼万向节、VL型球笼万向节等。

（1）图5-8所示为奥迪100型和上海桑塔纳轿车半轴外万向节所采用的RF型球笼万向节。它主要由内球座、球笼、外球座及钢球等组成。内球座通过花键与中段半轴相连。内球座的外表面有6条曲面凹槽，形成内滚道。外球座与带外花键的外半轴制成一体，内表面制有相应的六条曲面凹槽，形成外滚道。6个钢球分别装于6条凹槽中，并用球笼使之保持在一个平面内。

（2）图5-9所示为VL型球笼等速万向节，又称为伸缩型等速万向节。其内、外滚道为圆筒形，且内、外滚道不与轴线平行，而是以相同的角度相对于轴线倾斜着。装合后，同一周向位置内、外滚道的倾斜方向刚好相反，即对称交叉，而钢球则处于内外滚道的交叉部位。当

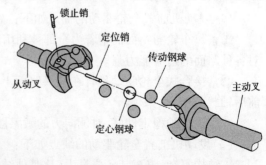

图5-7　球叉式等速万向节结构

内半轴与中半轴以任意夹角相交时,所有传动钢球都位于轴间交角的平分面上,从而实现等角速传动。在动力传递过程中,内、外球座可以沿轴向相对移动。因此,采用这种万向节可以省去万向传动装置中的滑动花键。

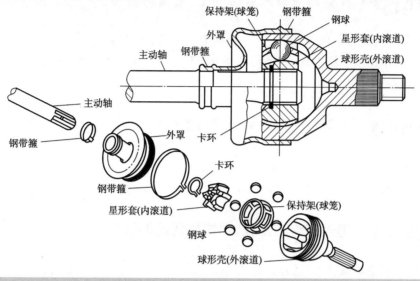

图5-8 RF型球笼式等速万向节结构

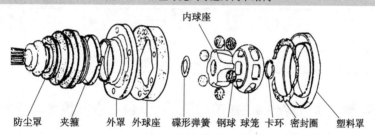

图5-9 VL型球笼等速万向节结构

引导问题3 中间轴的结构是怎样的?

中间轴通过两个万向节分别与差速器及驱动轴连接,其结构如图5-10所示。

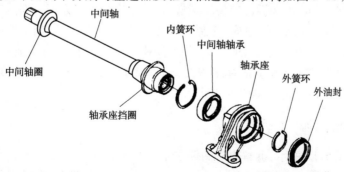

图5-10 中间轴的结构

二、实施作业

引导问题 4 ▶ 作业前应该准备哪些工、量具和设备?

(1)工量、具:组合工具、专用工业 SST、扭力扳手、螺丝刀等。
(2)设备:丰田卡罗拉 1.6L 手动传动桥或其他手动传动桥的轿车(根据本校实际)。
(3)维修手册、评分表等。

引导问题 5 ▶ 如何进行作业前的准备工作?

(1)现场安全确认:车辆、举升机、工位。
(2)车辆防护:三件套、翼子板布、前格栅布、车轮挡块、干净抹布等。

引导问题 6 ▶ 通过查询和查找,你能找到以下信息吗?

请完成车辆基本信息表,见表 5-1。

车辆基本信息表　　　　　　　　　　　　　　　　　表 5-1

项　　目	具 体 信 息	项　　目	具 体 信 息
车牌号码		发动机型号及排量	
行驶里程		车辆识别代码(VIN)	

引导问题 7 ▶ 如何对传动轴(前轮驱动)防尘罩进行检查与更换?

请查阅维修手册,根据以下步骤进行作业(执行左边半轴的拆装检修)。

1 拆卸左传动轴(半轴)

(1)拆卸前轮、发动机 1 号底罩,拆卸发动机后部左、右侧底罩。
(2)排净手动传动桥油。
(3)如图 5-11 所示,依次拆卸前桥轮毂螺母、前稳定杆连杆总成、前轮转速传感器、前挠性软管、左前盘式制动器制动钳总成、前制动盘、横拉杆接头分总成、前悬架下臂、前桥总成。
(4)拆卸前桥左半轴总成,如图 5-12 所示,使用专用工具 SST,拆下前桥左半轴。
注意:小心不要损坏传动桥壳油封、内侧万向节防尘套及驱动轴防尘罩;不要掉落驱动轴。
(5)前桥左右半轴总成,如图 5-13 所示。

2 左传动轴(半轴)的拆解

按图 5-14、图 5-15 所示,拆解内外两侧左半轴总成。
(1)拆卸前桥外侧万向节防尘罩卡夹。如图 5-16 所示用螺丝刀,松开防尘套卡夹的锁紧部件并分离防尘套卡夹。

项目三　传动轴及驱动桥的检修

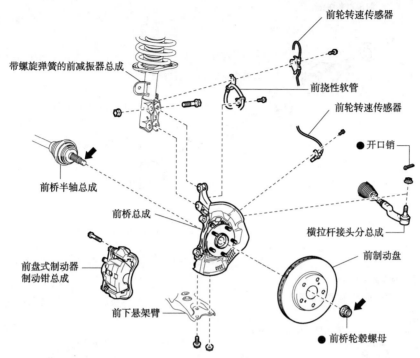

图 5-11　前悬架结构组成

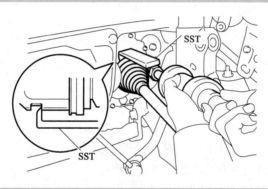

图 5-12　前桥左半轴

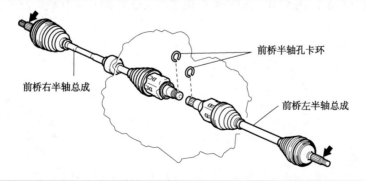

图 5-13　前桥左右半轴总成

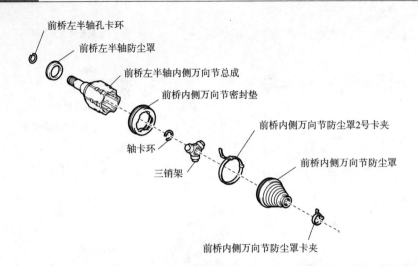

图5-14 前桥左半轴内侧结构

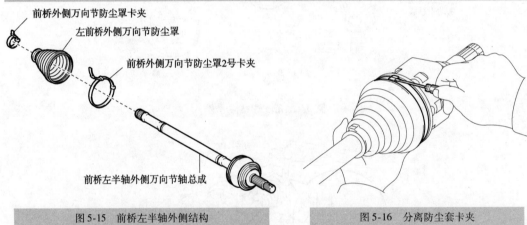

图5-15 前桥左半轴外侧结构　　　　图5-16 分离防尘套卡夹

（2）分离前桥内侧万向节防尘套。将内侧万向节防尘套从内侧万向节密封垫上分离。

（3）拆卸前桥左半轴内侧万向节总成。清除内侧万向节上的所有旧润滑脂；在内侧万向节和外侧万向节轴上做好装配标记，如图5-17所示。

（4）将内侧万向节从外侧万向节轴上拆下。

（5）如图5-18所示，在台钳上的两个铝板之间夹住外侧万向节轴。使用卡环扩张器，拆下轴卡环。

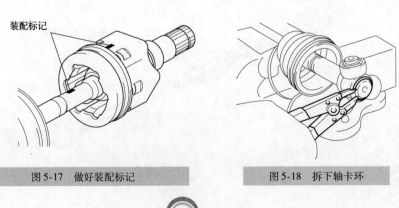

图5-17 做好装配标记　　　　图5-18 拆下轴卡环

注意:不要过度紧固台钳。

(6)在外侧万向节轴和三销架上设置装配标记。用铜棒和锤子从外侧万向节轴上敲出三销架,如图 5-19 所示。

注意:不要敲击滚子。

(7)拆卸前桥内侧万向节密封垫。将内侧万向节密封垫从内侧万向节上拆下。

(8)拆卸前桥内侧万向节防尘套。拆下内侧万向节防尘套,内侧万向节防尘套 2 号卡夹和内侧万向节防尘套卡夹。

(9)拆卸前桥外侧万向节防尘套卡夹。拆卸左前桥外侧万向节防尘套:从外侧万向节轴上拆下外侧万向节防尘套;清除外侧万向节上的所有旧润滑脂。

(10)拆卸前桥左半轴孔卡环。用螺丝刀拆下孔卡环,如图 5-20 所示。

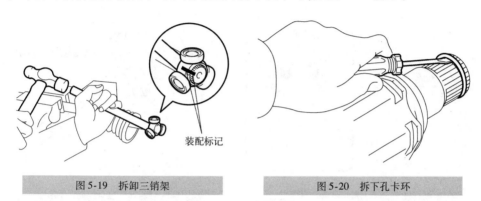

图 5-19 拆卸三销架　　　　图 5-20 拆下孔卡环

(11)拆卸前桥左半轴防尘罩。如图 5-21 所示,使用专用工具 SST 和压力机,压出半轴防尘罩。

注意:不要掉落内侧万向节。

3 检查前桥半轴

如图 5-22 所示,检查的内容如下:
(1)检查并确定外侧万向节在径向上没有过大间隙。
(2)检查并确定内侧万向节在止推方向上滑动顺畅。
(3)检查并确定内侧万向节在径向上没有过大间隙。

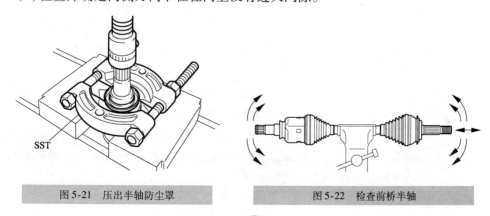

图 5-21 压出半轴防尘罩　　　　图 5-22 检查前桥半轴

(4)检查防尘套是否损坏。

注意：在检查过程中保持驱动轴总成水平。

4 装配前桥半轴

(1)安装前桥左半轴防尘罩。如图5-23所示使用专用工具SST和压力机，压进一个新的半轴防尘罩。

注意：防尘罩应完全安装到位；注意不要损坏防尘罩。

(2)安装一个新的前桥左半轴孔卡环。

(3)安装左前桥外侧万向节防尘套（左侧）。用保护性胶带缠绕外侧万向节轴的花键。

提示：在安装防尘罩之前，请用塑料带缠绕驱动轴的花键，以防止防尘罩损坏，如图5-24所示。

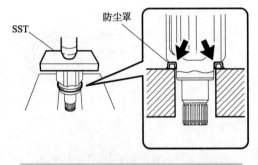

图5-23 安装防尘罩

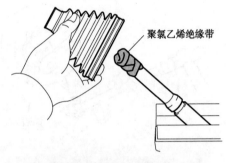

图5-24 安装外侧防尘罩

(4)按以下顺序，将新零件安装到外侧万向节轴上。2号外侧万向节防尘套卡夹；外侧万向节防尘套；外侧万向节防尘套卡夹；用防尘套维修组件中的润滑脂涂抹外侧万向节轴和防尘套。标准润滑脂容量：135~145g。

(5)将外侧万向节防尘套安装在外侧万向节轴槽上。

注意：槽里不能有润滑脂。

(6)安装前桥外侧万向节防尘套2号卡夹（左侧）。将防尘套卡夹安装到外侧万向节防尘套上并暂时将杆折回。将杆折回前，检查箍带和杆没有变形。

注意：将杆正确地安装至导槽，将卡夹安装至车辆内侧尽可能远处，如图5-25所示。

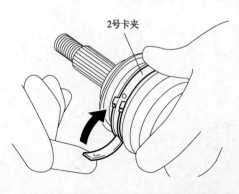

图5-25 安装外侧万向节防尘套卡夹

(7)朝工作面按压外侧万向节，同时把身体重力倚靠到手上并向前转动外侧万向节。转动外侧万向节并折叠杆直至听到咔嗒声，如图5-26所示。

注意：不要损坏导流板，确保外侧万向节与工作面直接接触。

(8)调整杆和槽之间的间隙以使锁扣边缘和杆端之间的间隙均匀，同时用塑料锤敲击锁扣将其固定，如图5-27所示。

注意：不要损坏外侧万向节防尘套。

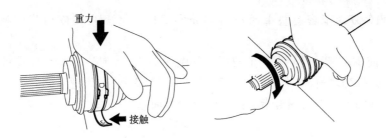

图 5-26　按压外侧万向节

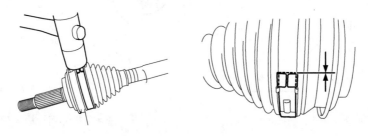

图 5-27　安装外侧万向节防尘套

(9)安装前桥外侧万向节防尘套卡夹(左侧)。将防尘套卡夹安装到外侧万向节防尘套上并暂时将杆折回。用水泵钳子,捏住防尘套卡夹,暂时将其固定,如图5-28所示。

图 5-28　安装前桥外侧万向节防尘套卡夹

注意:将杆正确地安装至导槽。将杆折回前,检查箍带和杆是否变形。

(10)调整杆和槽之间的间隙以使锁扣边缘和杆端之间的间隙均匀,同时用塑料锤敲击锁扣将其固定,如图5-29所示。

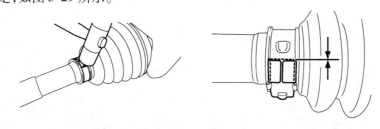

图 5-29　调整杆和槽之间的间隙

(11)暂时安装前桥内侧万向节防尘套。

(12)安装前桥内侧万向节密封垫。将一个新的内侧万向节密封垫安装到内侧万向节槽上。

注意:将内侧万向节密封垫上的凸出部分牢固地安装至内侧万向节凹槽,如图5-30所示。

(13)安装前桥左半轴内侧万向节总成。如图5-31所示,使三销架轴向花键的斜面朝向外侧万向节。在拆卸之前,对准做好的装配标记。用铜棒和锤子,把三销式万向节敲进驱动轴。用防尘套维修组件中的润滑脂涂抹内侧万向节轴。

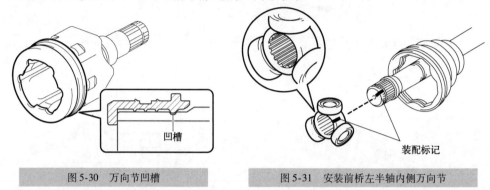

图5-30 万向节凹槽　　　　　图5-31 安装前桥左半轴内侧万向节

(14)如图5-32所示,使用卡环扩张器,安装一个新的半轴卡环。对准装配标记,将内侧万向节安装至外侧万向节轴。

(15)安装前桥内侧万向节防尘套:将内侧万向节防尘套安装至内侧万向节密封垫和外侧万向节轴的槽中。

(16)安装前桥内侧万向节防尘套卡夹。

5 安装左侧半轴总成

(1)安装前桥左半轴总成。在内侧万向节轴花键上涂齿轮油。对准轴花键,用铜棒和锤子敲进驱动轴。

注意:使开口侧向下安装卡环。小心不要损坏油封、防尘套和防尘罩。

(2)安装前桥总成;前悬架下臂;前稳定杆连杆;横拉杆接头分总成;前制动盘;前盘式制动器制动钳总成;前挠性软管;前轮转速传感器。

(3)安装前桥轮毂螺母。清洁驱动轴上的带螺纹零件和车桥轮毂螺母。安装新的车桥轮毂螺母(扭紧力矩为216N·m),用冲子和锤子锁紧前桥轮毂螺母,如图5-33所示。

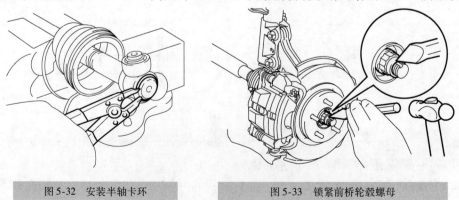

图5-32 安装半轴卡环　　　　　图5-33 锁紧前桥轮毂螺母

(4)加注并检查手动传动桥油。
(5)安装前轮;检查并调整前轮定位;检查转速传感器信号。
(6)安装发动机后部左右侧底罩及1号底罩。

三 评价与反馈

对本学习任务进行评价,如表5-2所示。

评 价 表　　　　　　　　　　　　　　表5-2

评价项目	评分标准	分数	学生自评	小组互评	教师评价	小计
团队合作情况	是否和谐	5				
活动参与情况	是否主动	5				
安全生产情况	有无安全隐患	10				
现场6S执行情况	是否做到	10				
任务方案设计	是否合理	10				
操作过程情况	(1)举升机操作; (2)传动轴防尘罩更换; (3)等速万向传动装置拆装与检查	30				
任务完成情况	是否圆满完成	5				
工、量具和设备的使用	是否标准、规范	10				
劳动纪律	是否严格遵守	5				
项目工单的填写	是否完整、规范	10				
总分		100				
教师签名:						得分:

四 学习拓展

(1)查阅资料,说明CA1091传动轴的拆装及检查方法。

(2)查阅资料,说明桑塔纳2000内外球笼的拆装及检查方法。

学习任务六　传动轴（后轮驱动）抖动的检修

学习目标

◎ **知识目标**
(1) 能够叙述普通万向传动装置的组成。
(2) 能够叙述万向节的类型。

◎ **技能目标**
(1) 能规范地对普通万向传动装置进行拆装。
(2) 能规范地对普通万向传动装置主要零件进行检查。
(3) 能规范正确地使用工、量具和设备。

◎ **素养目标**
(1) 具备团队合作精神和6S理念。
(2) 提高安全、环境保护和节约意识。
(3) 养成服从管理、规范作业的工作习惯。
(4) 树立客户至上的服务意识。

　建议完成本学习任务的时间为6课时。

　学习任务描述

有一辆加长东风载货汽车，行驶里程6000km，该车高速时出现车身抖动现象，车速达不到设计标准，并且高速行驶时伴随异响，需要你对传动轴部分进行拆检。

　学习内容

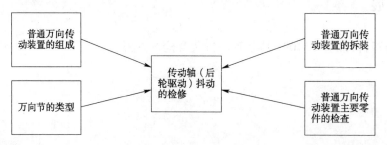

　注意事项

(1) 注意人身、设备安全，认真执行6S管理。
(2) 严格遵守拆装规程。
(3) 注意清洁零件，严格按顺序摆放，以免造成装配错误。

一 资料收集

引导问题 1 普通万向传动装置安装在汽车的什么位置？其组成是什么？

1 普通万向传动装置的安装位置

普通万向传动装置一般应用于发动机前置后轮驱动传动系中，它安装在变速器与后驱动桥之间，普通万向传动装置如图 6-1 所示。

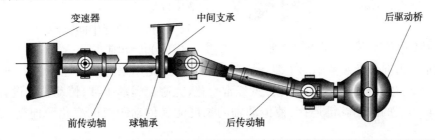

图 6-1 普通万向传动装置

2 普通万向传动装置的组成

普通万向传动装置主要由万向节、中间支承、中间传动轴及后传动轴等组成。
1）万向节
（1）万向节分类。
万向节按其刚度大小，可分为刚性万向节和柔性万向节。刚性万向节按其速度特性可分为：

①不等速万向节：常用的有十字轴式刚性万向节。
②准等角速万向节：常用的有双联式、三销式。
③等角速万向节：常用的有球叉式、球笼式。

（2）普通万向节。
普通万向节又称十字轴式刚性万向节，如图 6-2 所示。它允许相邻两轴的最大交角为 15°～20°，在汽车上应用最广，主要由万向节叉、十字轴及轴承等组成。其结构是两万向节叉上的孔分别套在十字轴的两对轴颈上。当主动轴转动时，从动轴既可随之转动，又可绕十字轴中心在任意方向摆动。为减小摩擦，在十字轴轴颈和万向节叉孔间装有滚针轴承和套筒，用螺钉和盖板将套筒固定在万向节叉上，并用锁片将螺钉锁紧。为了润滑轴承，十字轴做成中空的，并有油路通向轴颈。

十字轴式万向节的损坏是以十字轴轴

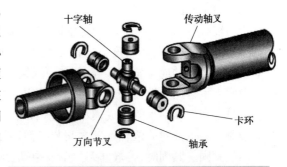

图 6-2 十字轴式刚性万向节结构

颈和滚针轴承的磨损为标志的,润滑和密封直接影响万向节的使用寿命。

上述的刚性万向节可以保证在轴向交角变化时可靠的传动,结构简单,并有较高的传动效率,因此,在现代汽车上被广泛采用。其缺点是单个万向节在输入轴和输出轴之间有夹角的情况下,其两轴的角速度不相等。

为实现刚性十字轴式万向节的等角速度传动,可按如图6-3所示,将两个万向节串联安装。

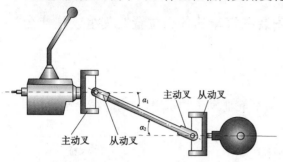

图6-3 双十字轴式万向节的等速布置

2)传动轴与中间支承

(1)传动轴。

传动轴是万向传动装置中的主要传力部件。其作用是用来连接变速器和驱动桥,汽车行驶过程中,变速器与驱动桥的相对位置经常变化,为避免运动干涉,传动轴上设有由滑动叉和花键轴组成的滑动花键连接,使传动轴的长度能随传动距离的变化而伸缩,如图6-4所示。

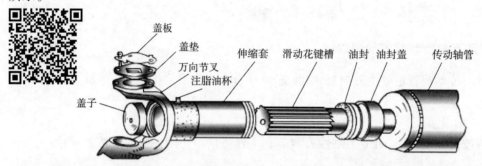

图6-4 传动轴

传动轴在工作过程中处于高速旋转状态,其转速和所传递的转矩都在不断发生变化。为了避免由于离心力引起传动轴的振动,在传动轴和万向节装配后,必须进行平衡试验,以满足动平衡的要求。平衡后在滑动花键部分还制有箭头标记,以便重装时保持二者的相对位置不变。由于万向传动装置中润滑脂油杯较多,为了加注方便,装配时应保证所有注脂油杯处于同一条直线上,且十字轴上的注脂油杯朝向传动轴。

(2)中间支承。

传动轴分段时需加中间支承,中间支承通常装在车架横梁上,能补偿传动轴轴向和角度方向的安装误差,以及汽车行驶过程中因发动机窜动或车架变形等引起的位移。

中间支承常用弹性元件来满足上述功用,如图6-5所示的中间支承是由支架和轴承等组成,双列锥轴承固定在中间传动轴后部的轴颈上。带油封的两轴承盖之间装有弹性元件橡胶垫环,用三个螺栓紧固。紧固时,橡胶垫环会径向扩张,将其外圆挤紧于支承座的内孔。

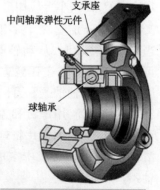

图6-5 中间支承

项目三 传动轴及驱动桥的检修

二、实施作业

引导问题 2 作业前应该准备哪些工、量具和设备?

(1)工、量具:组合工具、扭力扳手、百分表(含磁力表座)等。
(2)设备:加长东风货车普通万向传动装置总成。
(3)维修手册、评分表等。

引导问题 3 如何进行作业前的准备工作?

(1)现场安全确认:车辆、举升机、工位。
(2)车辆防护:三件套、翼子板布、前格栅布、车轮挡块、干净抹布等。

引导问题 4 通过查询和查找,你能找到以下信息吗?

请完成车辆基本信息表,见表 6-1。

车辆基本信息表　　　　　　　　　　　　　　　　　　　　　　表 6-1

项　目	具 体 信 息	项　目	具 体 信 息
车牌号码		发动机型号及排量	
行驶里程		车辆识别代码(VIN)	

引导问题 5 如何对传动轴(后轮驱动)抖动的故障进行检修?

请查阅维修手册,根据以下步骤进行作业。

1 普通万向传动装置总成的拆卸

(1)按图 6-6 所示的方法,在每个万向节叉的突缘上做好标记,以确保作业后的原位装复,否则极易破坏万向传动装置的平衡性,造成运转噪声和强烈振动。

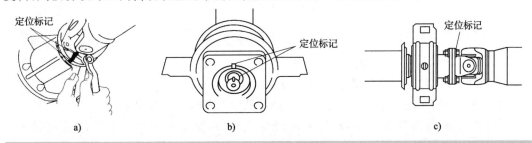

图 6-6　分解时做定位标记

(2)拆下前传动轴与驻车制动鼓连接螺母,拆下中间支撑支架与车架横梁的连接螺栓,取下前传动轴总成。

(3) 分解滑动叉。滑动叉结构如图6-7所示,拧开滑动叉油封盖,把花键轴从滑动叉中抽出来,取下油封、油封垫和油封盖。

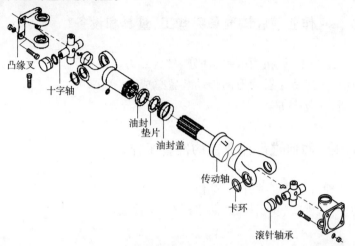

图6-7　滑动叉结构

(4) 分解万向节。

①用卡簧钳取出凸缘叉孔内卡环。

②托传动轴一端,用手锤敲击凸缘叉外侧,将滚针轴承及轴承座振出来,如图6-8a)所示。

③将传动轴转过180°,用同样的方法将凸缘叉上另一滚针轴承振出来,并将凸缘叉取下。

④如图6-8b)所示,左手抓住十字轴,将传动轴一端抬起,右手用手锤敲击凸缘叉耳根部,将滚针轴承、轴承座及十字轴振出来。

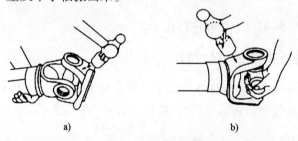

图6-8　分解万向节

(5) 中间支承分解,结构如图6-9所示。

①拔下开口销,旋下槽形螺母,取下垫圈。

②用手锤轻敲凸缘背面边缘,松动后把凸缘从中间花键轴上拔出来。

③在轴承座前端放置一垫板,用手锤轻敲垫板,将整个中间支承从中间花键轴上敲出来。

④把橡胶垫环从轴承座上压出来。

⑤把轴承座夹在台钳上,用铜棒、手锤把两边的油封敲出来,再取出轴承。

注意:为保证万向传动装置的等速传动及满足动平衡要求,安装时传动轴两端的万向节叉应在同一平面内,且使装配记号对准。

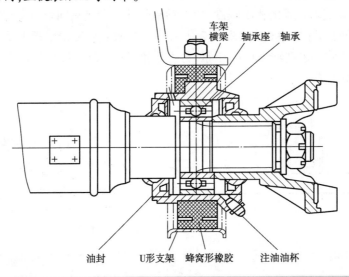

图6-9 传动轴中间支承总成

2 普通万向传动装置的检修

1)万向节叉的检修

(1)检查万向节叉、十字轴是否有裂纹,滚针轴承油封是否失效、滚针是否断裂等。否则应予换用新件。

(2)检查十字轴颈表面,疲劳磨损的沟槽或滚针压痕的深度在0.10mm以上时,应换新件。

(3)检查万向节十字轴与滚针轴承的配合间隙,如图6-10所示。万向节轴承的径向间隙值原厂标准为0.02~0.08mm,大修标准为0.02~0.14mm,使用极限为0.25mm。当配合间隙超过规定极限值时,应换新件。

2)传动轴及滑动叉的检修

(1)传动轴。

传动轴的主要损伤形式有弯曲、凹陷或裂纹等。主要检修以下几个方面:用V形铁架起传动轴,使其水平,而后旋转,用百分表在轴的中间部位测量轴管外圆的径向跳动,如图6-11所示。原厂标准规定:轴管全长径向全跳动量不大于0.75mm,使用极限为1.5mm。当传动轴径向全跳动量超过规定值时,应进行更换或校正。

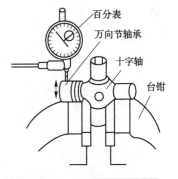

图6-10 检查万向节十字轴与滚针轴承的配合间隙

(2)传动轴花键与滑动叉花键的检修。

传动轴花键轴、滑动叉的主要损伤是:花键齿磨损或横向裂纹。键齿磨损主要表现在配合副配合侧隙增大。传动轴花键与滑动叉花键、突缘叉配合花键的间隙:轿车应不大于0.15mm,其他类型的汽车应不大于0.30mm,否则应更换传动轴或滑动叉。

3) 中间支承的检修

(1) 检查中间支承轴承的旋转是否灵活，油封和橡胶衬垫是否损坏，否则应更换。

(2) 检查中间支承轴承的松旷程度，检查轴承的轴向和径向间隙应符合原厂标准。

①轴承的径向间隙的检查，如图 6-12 所示。先将轴承平放在平板上使百分表的触头抵住轴承外座圈，然后一手把轴承内圈压紧，另一手推动轴承外圈，此时百分表上所摆的数值即为轴承的径向间隙。

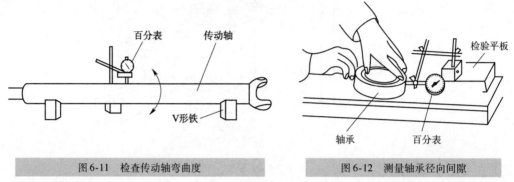

图 6-11　检查传动轴弯曲度　　　　图 6-12　测量轴承径向间隙

②轴向间隙的检查。如图 6-13 所示，首先将轴承外圈放在两垫块上并使轴承内圈悬空，再在轴承内圈上放一平板，然后将百分表触头抵住平板中央，上下推动轴承内圈，此时百分表上所指示的数值即为该轴承的轴向间隙。中间支承轴承间隙使用极限为 0.50mm。若轴承轴向间隙或径向间隙过大，应换新件。

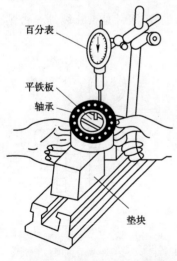

图 6-13　测量轴承轴向间隙

3　普通万向传动装置的装配

装配万向传动装置按拆卸的相反顺序进行，装配过程中注意事项如下：

(1) 装复万向节时，十字轴上注脂油杯必须朝向传动轴管一方，在十字轴颈、滚针轴承上涂抹少许润滑脂。轴承卡环必须保证进入环槽内。3 个十字轴上注脂油杯应在同一直线上。有注脂油杯的中间支承轴承封盖应装在支架的后面且注脂油杯朝下。

(2) 装复滑动叉时，必须对齐标记。应注意使万向节叉位于同一平面内，同时应保证与传动轴两端通过万向节相连的两轴与传动轴的夹角相等。

(3) 传动装置应装配齐全可靠。传动轴上的防尘罩应配备齐全，并用卡箍紧固，两只卡箍的锁扣应错位 180° 装配。

传动轴总成装复后，应先做动平衡试验。

三　评价与反馈

对本学习任务进行评价，如表 6-2 所示。

评 价 表 表6-2

评价项目	评分标准	分数	学生自评	小组互评	教师评价	小计
团队合作情况	是否和谐	5				
活动参与情况	是否主动	5				
安全生产情况	有无安全隐患	10				
现场6S执行情况	是否做到	10				
任务方案设计	是否合理	10				
操作过程情况	(1)举升机操作； (2)普通万向传动装置的拆装； (3)普通万向传动装置主要零件的检查	30				
任务完成情况	是否圆满完成	5				
工、量具和设备的使用	是否标准、规范	10				
劳动纪律	是否严格遵守	5				
项目工单的填写	是否完整、规范	10				
	总分	100				
教师签名：					得分：	

四 学习拓展

（1）查阅资料，说明CA1091传动轴的拆装及检查方法。

（2）更换凸缘或十字轴后，为什么要对传动轴进行动平衡试验？

学习任务七 驱动桥（后轮驱动）异响的检修

学习目标

◎ **知识目标**
(1)能够叙述驱动桥的作用、组成及类型。
(2)能够叙述单级主减速器的结构。
(3)能够叙述差速器的作用、行星齿轮差速器的结构及工作原理。
(4)能够叙述防滑差速器的作用及类型。
(5)能够叙述半轴的作用及类型。
(6)能够叙述驱动桥壳的作用及类型。

◎ 技能目标

(1)能规范地对主减速器进行拆装、检查及调整。

(2)能规范地对差速器进行拆装、检查及调整。

(3)能规范地对桥壳和半轴的检修。

(4)能规范正确地使用工、量具和设备。

◎ 素养目标

(1)具备团队合作精神和6S理念。

(2)提高安全、环境保护和节约意识。

(3)养成服从管理、规范作业的工作习惯。

(4)树立客户至上的服务意识。

 建议完成本学习任务的时间为14课时。

 学习任务描述

一辆东风牌EQ1090E型载货汽车,很少进行维护,车主反映:该车最近一段时间出现行驶时驱动桥异响,脱挡滑行时响声稍低,且驱动桥部分可以看到明显的油污。需要你对该车辆驱动桥部分进行拆检。

 学习内容

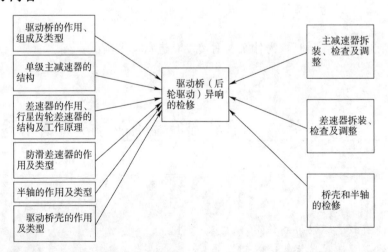

 注意事项

(1)注意人身、设备安全,认真执行6S管理。

(2)严格遵守拆装规程。

(3)注意清洁零件,严格按顺序摆放,以免造成装配错误。

一 资料收集

引导问题1 驱动桥的作用是什么？驱动桥由哪几部分组成？

1 驱动桥（后轮驱动）的作用

驱动桥处于动力传动系的末端，是将万向传动装置传递过来的动力改变方向，并由主减速器来降低转速或增大转矩，然后经过差速器分配给左右半轴和驱动轮。

驱动桥的作用是将万向传动装置传来的发动机动力经过降速，将增大的转矩分配到驱动车轮。

2 驱动桥的组成及功能

（1）驱动桥主要由主减速器、差速器、半轴和驱动桥壳等组成。
（2）驱动桥各部分组成具有如下功能：

①主减速器。具有合适的减速比，增大转矩，使汽车具有良好的动力性和经济性。在发动机纵置车辆中，主减速器还要通过主减速锥齿轮改变转矩传递的方向。

②差速器。具有差速作用，以保证汽车在转向或在不平道路上行驶时，轮胎不产生滑拖现象。

③半轴。是将转矩从差速器传至驱动轮。

④桥壳是用来安装主减速器和差速器及其他装置的。

另外驱动桥应有较大的离地间隙，以保证良好的通过性；尽可能减轻质量，以减轻汽车的自身质量。

引导问题2 驱动桥有哪些类型？单级主减速器的结构是怎样的？

1 驱动桥的类型

按结构不同，驱动桥分为整体式驱动桥和断开式驱动桥两种类型。

（1）整体式驱动桥。又称为非断开式驱动桥，采用非独立悬架，如图7-1所示。其驱动桥壳为一刚性整体结构，驱动桥两端通过悬架与车架连接，左右半轴始终在一条直线上，即左右驱动桥不能相互独立地上下跳动。当某一侧车轮因地面升高或下降时，整个驱动桥及车身都要随之发生倾斜。

（2）断开式驱动桥。多用于独立悬架，将两侧的驱动轮分别用弹性悬架与车架联系，两轮可彼此独立地相对于车架上下跳动，主减速器壳固定在车架上，驱动桥壳分段并通过铰链连接，如图7-2所示。

2 单级主减速器的结构

为满足不同的使用要求，主减速器的结构类型也是不同的。按齿轮副结构分，有圆锥齿轮式、圆柱齿轮式和准双曲线齿轮式。单级主减速器由一对常啮合的锥齿轮组成。

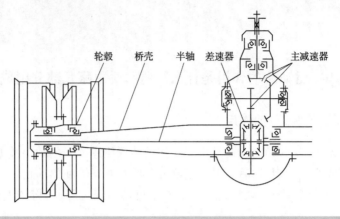

图 7-1　整体式驱动桥

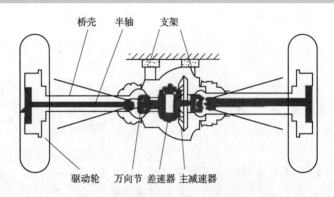

图 7-2　断开式驱动桥

单级主减速器主要由主动锥齿轮、从动锥齿轮、主减速器壳等件组成,如图 7-3 所示。

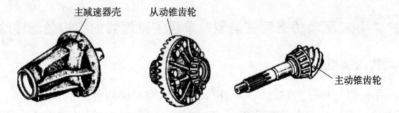

图 7-3　单级主减速器主要零部件

目前,轿车和一般轻、中型载货汽车都采用单级主减速器,可以满足汽车动力性的要求,它具有结构简单、体积小、质量轻和传动效率高等优点。单级主减速器的结构如图 7-4 所示。

1)支承刚度

为保证主动锥齿轮有足够的支承刚度,主动锥齿轮与轴制一体,前端支承在互相贴近而小端相向的两个圆锥滚子轴承 2 和 3 上,后端支承在圆柱滚子轴承上,形成跨置式支承。环状的从动锥齿轮连接在主减速器壳的座孔中。在从动锥齿轮的背面,装有支承螺栓,以限制从动锥齿轮过度变形而影响齿轮的正常工作。装配时,支承螺栓与从动锥齿轮端面之间的间隙为 0.3~0.5mm。

2)轴承预紧度

装配主减速器时,圆锥滚子轴承应有一定的装配预紧度,即在消除轴承间隙的基础上,再给予一定的压紧力,其目的是为了减小在锥齿轮传动过程中,轴向力所引起的齿轮轴的轴向位移,以提高轴的支承刚度,保证锥齿轮副的正常啮合。但也不能过紧,若过紧则传动效率低,且加速轴承磨损。为调整圆锥滚子轴承的预紧度,在两轴承内座垫圈之间的隔离套的一端装有一组厚度不同的调整垫片。如发现过紧则增加垫片的总厚度,反之,减少垫片的总厚度。通常用预紧力矩来表示预紧度的大小,对于 EQ1090E 型汽车主减速器主动轴,调整到能以 $1.0 \sim 1.5 \mathrm{N \cdot m}$ 的力矩转动叉形凸缘,预紧度即为合适。支承差速器壳的圆锥滚子轴承的预紧度靠拧动两端轴承调整螺母来调整。调整时应用手转动从动锥齿轮,使滚子轴承处于正确位置。调好后应能以 $1.5 \sim 2.5 \mathrm{N \cdot m}$ 的力矩转动差速器组件。应该指出的是圆锥滚子轴承预紧度的调整必须在齿轮啮合调整之前进行。

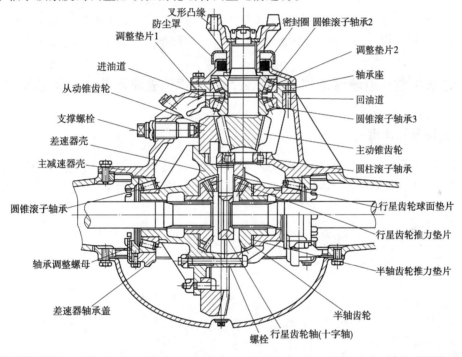

图 7-4 单级主减速器结构

3)啮合的调整

(1)齿面啮合印迹的调整。

先在主动锥齿轮轮齿上涂以红色颜料(红丹粉与机油的混合物)然后用手使主动锥齿轮往复转动,于是从动锥齿轮轮齿的两工作面上便出现红色印迹。若从动齿轮轮齿正转和反转工作面上的印迹均位于齿高的中间偏于小端,并占齿面宽度的 60% 以上,则为正确啮合,如图 7-5 所示。正确啮合的印迹位置可通过增减主减速器壳与主动锥齿轮轴承座之间的调整垫片的总厚度(即移动主动锥齿轮的位置)而获得。

(2)齿侧间隙的调整。

旋转调整螺母以改变从动锥齿轮的位置。轮齿的齿侧间隙应在 $0.15 \sim 0.4\mathrm{mm}$ 范围内。

若间隙大于规定值,应使从动锥齿轮靠近主动锥齿轮,反之则离开。为保持已调好的圆锥滚子轴承的预紧度不变,一端螺母拧进的圈数应等于另一端螺母拧出的圈数。

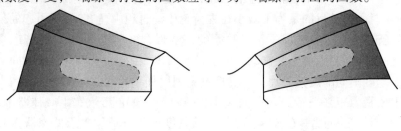

a)正转工作时　　　　　　　　　　　　b)逆转工作时

图7-5　正确的啮合印迹

为了减小驱动桥的外形尺寸,目前主减速器中基本不用直齿圆柱齿轮,而采用螺旋锥齿轮。在同样传动比的情况下,主动螺旋锥齿轮齿数可以做得少些,主减速器的结构就比较紧凑,可以增加离地间隙。而且运动平稳,噪声小,因而在汽车上得到了广泛的应用。

引导问题3　差速器的作用是什么?行星齿轮差速器的结构是怎样的?

1 差速器的作用

保证两车轮移动距离不等时车轮产生滑动。当汽车转弯时,内外两侧车轮中心在同一时间内移过的曲线距离显然不同,即外侧车轮移动的距离大于内侧车轮,如图7-6所示。

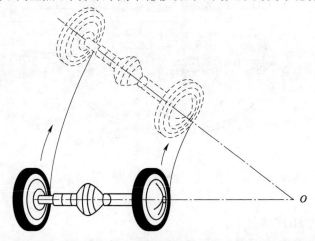

图7-6　汽车转向时驱动轮运动示意图

2 普通行星齿轮差速器的结构

差速器按用途可分为轮间差速器和轴间差速器;按工作特性可分为普通差速器和防滑差速器。

行星齿轮式差速器主要由4个行星齿轮、十字形行星锥齿轮轴、2个半轴锥齿轮、左、右差速器壳、行星锥齿轮球面垫片、半轴锥齿轮推力垫片等组成,如图7-7所示。行星齿轮式差速器动力传递路线为:差速器壳→十字轴→行星齿轮→半轴齿轮→半轴→驱动车轮。

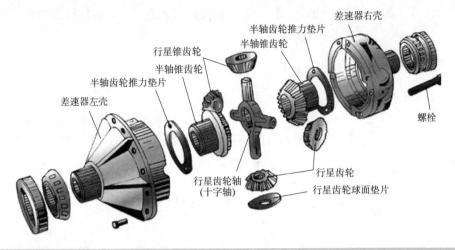

图7-7 行星齿轮式差速器结构

引导问题4 ▶ 行星齿轮差速器的工作原理是怎样的?

1 运动特性

差速器有汽车直线行驶和转向两种不同的工作情况。工作原理示意图,如图7-8所示。

1)汽车直线行驶

汽车直线行驶时两侧驱动轮阻力相同,行星齿轮只有公转,没有自转,差速器不起差速作用。

此时:
$$\omega_1 = \omega_2 = \omega_0$$
即:
$$\omega_1 + \omega_2 = 2\omega_0$$

2)汽车转向

汽车转向时两侧驱动轮阻力不同,如汽车右转向,外侧车轮有滑移的趋势,内侧车轮有滑转的趋势,即外侧车轮阻力小,内侧车轮阻力大,使行星齿轮除了公转,还以 $\Delta\omega$ 自转,差速器起差速作用。

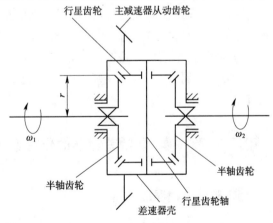

图7-8 差速器工作原理示意图

此时:
$$\omega_1 = \omega_0 + \Delta\omega, \omega_2 = \omega_0 - \Delta\omega(差速作用)$$
即:
$$\omega_1 + \omega_2 = 2\omega_0$$

所以,左半轴齿轮转速的增加值等于右半轴齿轮转速的减小值,这就是差速器的差速作用。即汽车在转弯或其他情况下行驶时,两侧车轮可以不同的转速在地面上滚动,差速器无论差速与否,两半轴齿轮转速之和始终等于差速器壳体转速的 2 倍,而与行星齿轮自转转速无关。

2 差速器的转矩分配特性

差速器的转矩分配特性如图 7-9 所示。

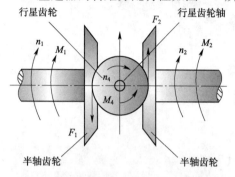

图 7-9　差速器的转矩分配特性示意图

设主减速器传至差速器壳的转矩为 M_0,两半轴的转矩分别为 M_1 和 M_2,行星齿轮的自转产生的摩擦力矩为 M_4。

(1) 当行星齿轮不自转时,$M_4=0$,差速器将转矩 M_0 平均分配给两半轴齿轮。

即:

$$M_1 = M_2 = \frac{M_0}{2}$$

(2) 当行星齿轮如右图方向自转时 ($n_1 > n_2$),行星齿轮所受摩擦力矩 M_4 与其自转方向相反。

$$M_1 = \frac{(M_0 - M_4)}{2}$$

$$M_2 = \frac{(M_0 + M_4)}{2}$$

结论:当差速器起差速作用时,转得慢的车轮分配到的转矩大于转得快的车轮,差值为差速器的内部摩擦力矩 M_4。由于 M_4 很小,可忽略不计,则 $M_1 = M_2 = M_0/2$。可见,无论差速器差速与否,行星锥齿轮差速器都具有转矩等量分配的特性。

特点:该特性对于汽车在好路面上行驶是有利的。但在坏路面上行驶却会严重影响其通过率。

引导问题 5　防滑差速器的作用是什么?它有哪些类型?

1 防滑差速器的作用

为提高汽车在坏路面上的通过能力,防止车轮滑转,在某些汽车上采用了防滑转装置。其共同点都是在一个驱动轮滑转时,设法使大部分转矩甚至全部转矩传递给不滑转的驱动轮,以充分利用这一驱动轮的附着力而产生足够牵引力,使汽车能够继续行驶。

2 防滑差速器的类型

1) 强制锁止式差速器

为了满足上述要求最简单的办法是在普通差速器上设置差速锁,使之成为强制锁止式差速器。当一侧驱动车轮滑转时,可利用差速锁使差速器不起差速作用。

如图7-10为强制锁止式差速器结构图,差速锁由接合器及其操纵机构组成,端面上有接合齿的外、内接合器分别用花键与半轴和差速器壳左端相连。前者可沿半轴轴向滑动,后者则以锁圈固定其轴向位置。

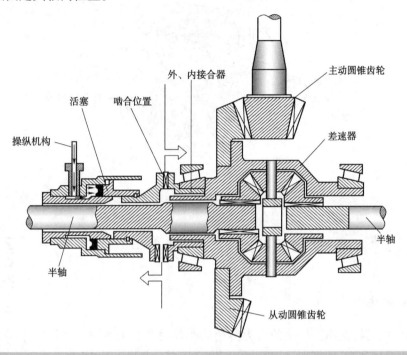

图7-10 强制锁止式差速器结构图

2)摩擦片式自锁差速器

摩擦片式自锁差速器是在普通差速器的基础上发展而成的,如图7-11所示。

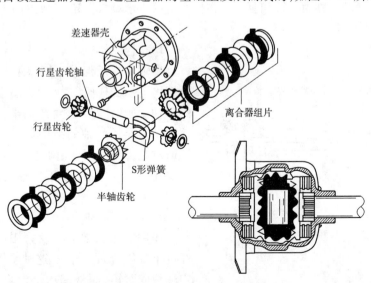

图7-11 摩擦片式自锁差速器结构

3)蜗轮蜗杆式差速器

蜗轮蜗杆式差速器又称托森(Torsen)差速器,其结构如图7-12所示,它由空心轴、差速器壳、前轴蜗杆、后轴蜗杆、蜗轮轴及蜗轮等件组成。

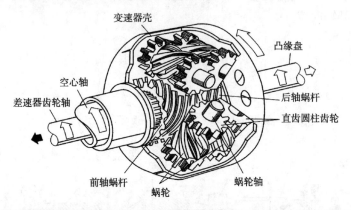

图7-12 蜗轮蜗杆式差速器结构

引导问题6 ▶ 半轴的作用是什么?它有哪些类型?

1 半轴的作用

半轴的作用是将差速器传来的动力传递给驱动轮。其内端与差速器的半轴齿轮相连,而外端则于驱动轮的轮轴相连。因其传动的转矩较大,常制成实心轴。

2 半轴的类型

半轴的受力情况,则由半轴和驱动轮在桥壳上的支承型式而定,常见的半轴支承型式有全浮式和半浮式两种。

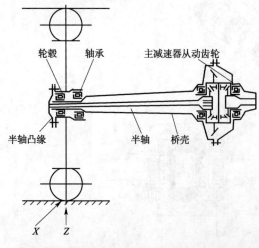

图7-13 全浮式半轴支承形式驱动桥结构示意图

1)全浮式半轴

半轴的支承形式,使半轴只承受转矩,而两端均不承受任何反力和反力矩,故称为全浮式半轴。所谓"浮"是对卸除半轴的弯曲负荷而言。全浮式半轴的结构如图7-13所示,内端通过花键与半轴齿轮啮合,外端凸缘与轮毂用螺栓连接,半轴浮装于半轴套管中,具有较大的传力能力。

2)半浮式半轴

作用在车轮上的各反力用反力矩都必须经过半轴传给驱动桥壳,这种半轴只能使半轴内端免受弯矩,而外端却承受全部弯矩,故称为半浮式。半浮式半轴的结构如图7-14所示,内端通过花键与半轴齿轮啮合,外端通过轴承支承于桥壳内,车轮轮毂通过螺栓或键与半轴连接。半浮式半轴除传递转矩外,其外端还承受路面作用于车轮的各向作用力及力矩。半浮式半轴具有结构简单、质量小、适用于小直径车轮等特点,多用于轿车和微型汽车,但拆装不方便。

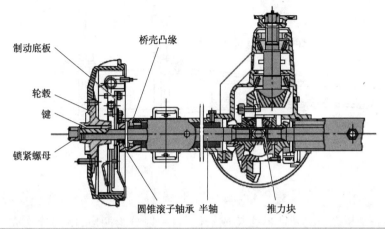

图7-14 半浮式半轴支承形式驱动桥示意图

引导问题7 驱动桥壳的作用是什么？它有哪些类型？

1 驱动桥壳的作用

驱动桥壳的作用一是支承并保护主减速器、差速器和半轴等,使左右驱动车轮的轴向相对位置固定;二是同从动桥一起支承车架及其上面各总成的质量;三是汽车行驶时,承受由车轮传来的路面反作用力和力矩,并经悬架传给车架。

驱动桥的桥壳须有足够的强度和刚度,质量轻,并便于主减速器的拆装和调整。由于桥壳的尺寸和质量比较大,制造较困难,故其结构形式在满足使用要求的条件下,要尽可能便于制造。

2 驱动桥壳的类型

驱动桥壳一般由主减速器壳和半轴套管等组成,可分为整体式和分段式两类。

1)整体式驱动桥壳

整体式驱动桥壳中部为一环形空心壳体,两端压入半轴套管,并用紧定螺钉固定。如图7-15所示,半轴套管露出部分安装轮毂轴承,端部制有螺纹,用于安装轮毂轴承调整螺母和锁紧螺母。凸缘盘用来固定制动底板,壳的端部加工有油封颈,和轮毂油封配合,以密封轮毂空腔,防止润滑油外溢。主减速器、差速器先装入主减速器壳内,再将主减速器壳以止口定位并用螺钉固定在前端面上。桥壳后端面的大孔可用来检查主减速器的技术状况,平时用盖封住。盖上有螺塞,用以检查油位高度。

2)分段式驱动桥壳

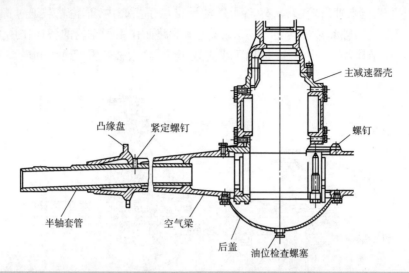

图7-15 整体式驱动桥壳

分段式桥壳是桥壳与主减速器壳铸成一体,且一般分为两段,由螺栓连成一体,这种桥壳易于铸造,但维护主减速器和差速器时必须把整个桥拆下来,否则无法拆检主件速器和差速器。它由左、右桥壳、两个半轴套管及凸缘盘等组成,如图7-16所示。

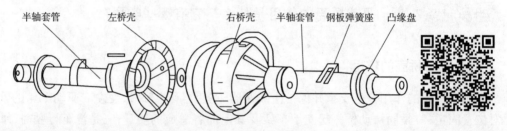

图7-16 分段式驱动桥壳

二、实施作业

引导问题8 作业前应该准备哪些工、量具和设备?

(1)工、量具:常用工具、套筒、扭力扳手、弹簧秤、轴承拉力器、调整垫片、百分表、磁性表座等。

(2)设备:EQ1090E型主减速器总成若干(根据本校现有设备实际情况)。

(3)维修手册、评分表等。

引导问题9 如何进行作业前的准备工作?

(1)现场安全确认:车辆、举升机、工位。
(2)车辆防护:三件套、翼子板布、前格栅布、车轮挡块、干净抹布等。

引导问题 10 通过查询和查找,你能找到以下信息吗?

请完成车辆基本信息表,见表 7-1。

车辆基本信息表 表 7-1

项　　目	具 体 信 息	项　　目	具 体 信 息
车牌号码		发动机型号及排量	
行驶里程		车辆识别代码(VIN)	

引导问题 11 如何对驱动桥(后轮驱动)异响的故障进行检修?

请查阅维修手册,根据以下步骤进行作业。

1 主减速器(见图 7-4)的检修

1)分解与安装主减速器

(1)分解前应对齿轮啮合间隙、轴承轴向间隙做初步检查。

(2)分解后应认记各部位调整垫片数量、厚度,并分别有序放置。

(3)从动齿轮轴承调整螺环解体前做安装位置标记,避免安装时左右调整螺环错位。

(4)从动齿轮座盖在取下轴承和调整环后应装合原处,防止左右轴承座盖错乱。

(5)按与分解步骤相反顺序进行,按规定扭矩拧紧凸缘螺母时,应边拧紧边转动轴承座,使轴承滚子与外圈处于正确位置,并使槽形螺母的槽对正主动齿轮上的开口销孔。

2)主动锥齿轮轴承预紧度的检查与调整

按照装复顺序将主动锥齿轮与轴承座装复,注意不装油封,并按规定力矩拧紧凸缘槽形螺母。

(1)轴承预紧度大小的检查。

检查方法:用弹簧秤测量主动锥齿轮轴转动阻力的大小来判定。

将轴承座夹在台虎钳上,用弹簧秤切向拉动主动锥齿轮轴上的凸缘边缘孔,测量主动锥齿轮轴开始转动的瞬间拉力大小,其拉力值应符合原厂规定,如图 7-17 所示。

注意:测预紧度时不应装油封;弹簧秤沿切向拉动凸缘边缘孔;记下凸缘刚开始转动的瞬间拉力值。

(2)轴承预紧度的调整。

调整方法:增减前端两圆锥滚子轴承间的调整垫片厚度进行调整。

弹簧秤拉力大于规定值时,增加垫片厚度;弹簧秤拉力小于规定值时,减少垫片厚度。因为轴承预紧度的调整关系到主动锥齿

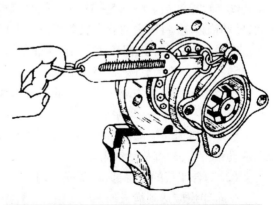

图 7-17 主动锥齿轮轴承预紧度大小的检查

轮的装配质量。装配不当,轻者发生异响,加速磨损,影响动力性和经济性;重者打坏齿轮、烧坏轴承。

预紧度调整合适后,再将油封装复。装复时小心油封不要被尖锐物划伤,而且还要注意油封唇口方向不要装反,以免造成漏油现象。

3)从动锥齿轮轴承预紧度的检查与调整

(1)检查方法。用百分表测量从动锥齿轮背面的端面圆跳动。其端面跳动量应不大于0.05mm,最大极限值为0.10mm。间隙不合适,应予调整。

注意:上述测量时用力要均匀,不可用力过猛,以免读数不准或损坏仪表。

(2)调整方法。通过调整左、右轴承调整螺母来进行的。

调整时先将螺母旋紧,再退回1/10~1/16圈,使最近的一个开口与锁止板重合,用锁止板固定。调整后,轴向推拉齿轮应无间隙感,转动齿轮时,无卡滞现象。

4)主、从动锥齿轮啮合间隙的调整

从动锥齿轮轴承预紧度调整后,整装好主、从动锥齿轮总成,进行该项目调整。装配时注意:主动锥齿轮总成和壳体间的润滑油孔、润滑油槽必须相应对正。

(1)调整方法。

①调整垫片Ⅰ调整。通过主动锥齿轮总成和壳体间的调整垫片Ⅰ厚度进行调整。增加调整垫片Ⅰ厚度,啮合间隙变大;反之,啮合间隙变小。

②调整轴承调整螺母调整。松左侧调整轴承调整螺母,紧右侧调整轴承调整螺母,啮合间隙变小;反之,啮合间隙变大。

提示:此时属初调啮合间隙,一般只通过调整轴承调整螺母调整。调整时,必须先松一侧调整轴承调整螺母,再紧另一侧调整轴承调整螺母,先松后紧。一侧螺母松几圈,另一侧螺母紧几圈,以保证从动锥齿轮轴承预紧度不变。

(2)检测方法。

啮合间隙原厂规定标准为0.15~0.40mm,大修允许值为0.20~0.50mm,使用极限为0.60mm。检测方法可用如下几种:

①百分表检测法。将百分表固定于主减速器盖上,用百分表测头抵在主动锥齿轮突缘的边上,左右转动突缘,测出其自由摆动量,即为啮合间隙。

②卡尺检测法。将0.5~1mm的软金属丝(软铝丝或者熔断丝)放入被动锥齿轮齿面间,转动锥齿轮,将压扁的软金属丝用游标卡尺测量其厚度,即为啮合间隙。

③经验法。用手来回转动主动锥齿轮凸缘,凭经验听轮齿撞击声,可判断啮合间隙大小。

5)主、从动锥齿轮啮合印痕的调整

啮合印痕反映了主减速器齿轮的受力承载情况,主减速器的调整应以啮合印痕为主。

(1)检测方法——印痕法。

在从动锥齿轮一圈均布3~4处,每处1~2齿的齿面上涂以红丹油或者红印泥,然后转动从动锥齿轮,检查从动锥齿轮上的啮合印痕是否适当。

(2)啮合印痕的正确部位(无负荷时)。

啮合印痕应达到齿长的50%以上,位置控制在轮齿的中部偏小端,离小端2~4mm。齿高方向的啮合印痕应大于有效齿高的50%以上,离齿顶0.8~1.6mm。

(3) 调整原则。

调整时应先调好主、从动锥齿轮轴承预紧度,啮合间隙,然后调整啮合印痕;检查调整啮合印痕时,应以前进挡工作面为主,适当兼顾倒退挡;调整啮合印痕时,应辅助调整啮合间隙;调整啮合印痕过程中,必须保证从动锥齿轮轴承预紧度不变。

(4) 调整方法。

在齿长方向,调从动锥齿轮(松、紧轴承调整螺母),主动锥齿轮辅调(增、减调整垫片Ⅰ的厚度);在齿高方向,调主动锥齿轮,从动锥齿轮辅调。具体按"大进从,小出从,顶进主,根出主"的方法调整,如表7-2所示。

锥齿轮啮合的调整方法   表7-2

序 号	向前行驶印痕	向后行驶印痕	调整方法(实线先调,虚线后调)
1			
2			
3			
4			

大进从:若啮合印痕靠近锥齿轮大端,将从动锥齿轮向内侧调整(松右侧调整轴承调整螺母,紧左侧调整轴承调整螺母)。调整后,若啮合间隙过小,再将主动锥齿轮向外侧调整(增加调整垫片)。

小出从:若啮合印痕靠近锥齿轮小端,将从动锥齿轮向外侧调整。调整后,若啮合间隙过大,再将主动锥齿轮向内侧调整。

顶进主:若啮合印痕靠近锥齿轮顶端,将主动锥齿轮向内侧调整。调整后,若啮合间隙过小,再将从动锥齿轮向外侧调整。

根出主:若啮合印痕靠近锥齿轮根端,将主动锥齿轮向外侧调整。调整后,若啮合间隙过大,再将从动锥齿轮向内侧调整。

调好啮合印痕后,将从动锥齿轮轴承盖的连接螺栓以196~235N·m的力矩拧紧,装好防松装置。

6)从动锥齿轮支承螺柱的调整

在 EQ1090 型汽车主减速器壳的左侧,有一个从动锥齿轮支承螺柱,其作用是防止从动锥齿轮过度变形而影响齿轮的正常工作。装配时,要求支承螺柱与从动锥齿轮背面之间的间隙为 0.3~0.5mm。调整此间隙时,先将支承螺柱拧到底,然后退回 1/4 圈左右即可。调整好后装上防松锁片。

2 差速器及其他零部件的检修

1)差速器的装配

将差速器轴承的内圈压入左、右差速器壳的轴颈上。将从动锥齿轮装到差速器左壳上,用螺栓紧固,螺母的拧紧力矩为 137~157N·m,拧紧后用锁片锁住螺母。

把半轴齿轮支承垫圈、半轴齿轮放入左差速器壳的壳孔内,将已装好的行星齿轮及其支承垫的十字轴装入左差速器壳的十字槽中,并使行星齿轮与半轴齿轮啮合。在行星齿轮上装上右边的半轴齿轮、支承垫圈,将差速器右壳合到左壳上,注意对准壳上的标记,从右向左插入螺栓,螺母的扭紧力矩为 137~157N·m。半轴齿轮支承端面与支承垫圈间的间隙,大修允许 0.50mm,使用限度为 0.80mm,不符合规定应更换新的支承垫圈。

2)差速器轴承预紧度的调整

将组装好的差速器总成装入减速器轴承座孔内,注意左右轴承盖要按记号装复,按规定力矩拧紧轴承盖螺栓。慢慢拧动两端的调整螺母,调整差速器轴承的预紧度,拧入调整螺母时要不断转动从动齿轮,使轴承滚子处于正确位置。正确的预紧度应是用 1.5~2.5N·m 的力矩能灵活转动差速器总成。当用弹簧秤钩在从动锥齿轮紧固螺栓上测量时的切向拉力为 11.3~25.9N,最后用锁片锁牢。

经验检查方法:用手转动从动锥齿轮时,稍有阻力感并转动灵活,无卡滞现象,用撬棒轴向撬动无轴向间隙感为合适。

3)驱动桥主要零件的检修

(1)桥壳的检修。

①桥壳和半轴套管不允许有裂纹存在,半轴套管应进行探伤处理。各部螺纹损伤不得超过 2 个螺牙。

②钢板弹簧座定位孔的磨损不得大于 1.5mm,超限时先补焊,然后按原位置重新钻孔。

③整体式桥壳以半轴套管的两内端轴颈的公共轴线为基准,两外轴颈的径向圆跳动误差超过 0.30mm 时应进行校正,校正后的径向圆跳动误差不得大于 0.08mm。

④分段式桥壳以桥壳的结合圆柱面、结合平面及另一端内锥面为基准,轮毂的内外轴颈的径向圆跳动误差超过 0.25mm 时应进行校正,校正后的径向圆跳动误差不得大于 0.08mm。

(2)半轴的检修。

①半轴应进行隐伤检查,不得有任何形式的裂纹存在。

②半轴花键应无明显的扭转变形。

③以半轴轴线为基准,半轴中段未加工圆柱体径向圆跳动误差不得大于 1.3mm;花键外圆柱面的径向圆跳动误差不得大于 0.25mm;半轴凸缘内侧端面圆跳动误差不得大于

0.15mm。径向圆跳动超限，应进行冷压校正；端面圆跳动超限，可车削端面进行修正。

④半轴花键的侧隙增大量不得超出原厂规定值0.15mm。

三 评价与反馈

对本学习任务进行评价，如表7-3所示。

评 价 表　　　　　　　　表7-3

评价项目	评分标准	分数	学生自评	小组互评	教师评价	小计
团队合作情况	是否和谐	5				
活动参与情况	是否主动	5				
安全生产情况	有无安全隐患	10				
现场6S执行情况	是否做到	10				
任务方案设计	是否合理	10				
操作过程情况	(1)举升机操作；(2)主减速器拆装、检查及调整；(3)差速器拆装、检查及调整；(4)桥壳和半轴的检修	30				
任务完成情况	是否圆满完成	5				
工、量具和设备的使用	是否标准、规范	10				
劳动纪律	是否严格遵守	5				
项目工单的填写	是否完整、规范	10				
总分		100				
教师签名：					得分：	

四 学习拓展

(1)如何调整桑塔纳2000轿车的主减速器？

(2)查阅资料，说明凯越、思域轿车差速器的拆装及检查方法。

项目四 行驶系统的检修

项目描述

行驶系统是汽车的重要组成部分。行驶系统工作不良或失效,将导致汽车行驶振动、跑偏等故障。学生通过完成本项目四个学习任务,掌握车轮的作用、车轮的组成、轮胎的换位、轮胎的结构及分类、轮胎的标记、车轮的动平衡、悬架的作用及组成、减振器的工作原理、行驶系统的类型、车轮定位的作用及含义、车轮定位的判断和车轮定位的好处等知识,能规范使用工、量具和设备对悬架系统装置进行拆装及检查,为后续的项目学习打下良好的基础。

学习任务八 轮胎的检查与换位

学习目标

◎ **知识目标**
(1)能够叙述车轮的作用。
(2)能够叙述车轮的组成。
(3)能够叙述轮胎的换位方法。

◎ **技能目标**
(1)能规范地对车轮进行拆卸和轮胎换位。
(2)能规范地对轮胎进行检查。
(3)能规范正确地使用工、量具和设备。

◎ **素养目标**
(1)具备团队合作精神和6S理念。
(2)提高安全、环境保护和节约意识。
(3)养成服从管理、规范作业的工作习惯。
(4)树立客户至上的服务意识。

项目四 行驶系统的检修

  建议完成本学习任务的时间为 **4** 课时。

  学习任务描述

　　一辆丰田卡罗拉轿车,行驶里程为 20000km,车主反映:轮胎磨损不均匀。需要你对轮胎进行检查并进行换位。

  学习内容

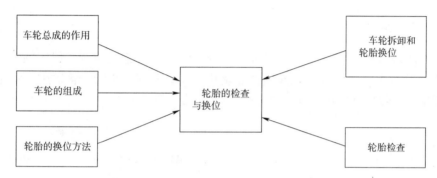

  注意事项

　　(1)注意人身、设备安全,认真执行6S管理。
　　(2)严格遵守拆装规程。
　　(3)注意清洁零件,严格按顺序摆放,以免造成装配错误。

  资料收集

引导问题 1　车轮总成安装在汽车的什么位置？其作用是什么？

1 车轮总成的安装位置

　　汽车车轮总成安装位置如图8-1所示,它处于车桥与地面之间。车轮总成由车轮和轮胎两大部分组成。

2 车轮总成的作用

　　车轮总成基本作用如下：
　　(1)支承整车质量,包括汽车在上下运动时产生的垂直惯性动载荷。

图 8-1　车轮总成安装位置

95

（2）缓和由路面传递来的冲击载荷。

（3）通过轮胎和路面之间的附着作用，产生驱动和阻止汽车运动的外力，即为汽车提供驱动力（牵引力）和制动力。

（4）产生平衡汽车转向离心力的侧向力，以便顺利转向，并通过轮胎产生的自动回正力矩，使车轮具有保持直线行驶的能力。

（5）承担跨越障碍的作用，保证汽车的通过性。

引导问题2　车轮由哪几部分组成？轮胎的换位方法有哪些？

1　车轮的组成

车轮一般是由轮毂、轮辋和轮辐组成，如图8-2所示。轮毂通过圆锥滚子轴承装在车桥或转向节轴径上，用于连接车轮与车桥。轮辋用于安装和固定轮胎。轮辐用于将轮毂和轮辋连接起来，并通过螺栓与轮毂连接起来。

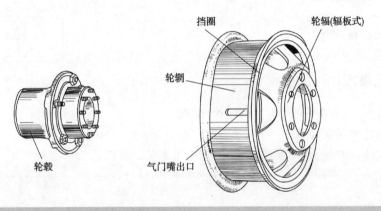

图8-2　车轮的组成

1）轮辐

按轮辐结构的不同，车轮可以分为两种形式：辐板式车轮和辐条式车轮。

普通轿车和轻、中型货车普遍采用辐板式车轮，由挡圈、轮辋、辐板和气门嘴伸出口组成。车轮中用以连接轮毂和轮辋的钢质圆盘称为辐板，大多是冲压制成的，少数是和轮毂铸成一体。

轿车的辐板所用板料较薄，常冲压成起伏多变的形状，以提高其刚度，目前广泛采用的轿车车轮为铝合金车轮，且多为整体式的，即轮辋和轮辐铸成一体，如图8-3所示。它质量轻，尺寸精度高，生产工艺好，美观大方，可以明显改善车轮的空气阻力，降低汽车油耗。

图8-3　铝合金车轮

2）轮辋

轮辋用于安装和固定轮胎。按其结构不同，轮辋的常见结构形式有：深槽轮辋、平底轮辋和对开式轮辋，如图8-4

所示。此外,还有半深槽轮辋、深槽宽轮辋、平底宽轮辋、全斜底轮辋等。

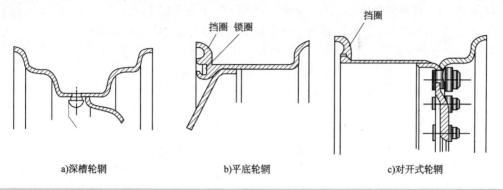

图 8-4 轮辋的常见结构形式

2 轮胎的换位

1) 轮胎换位方法

方法一:将后轮交叉换至前轮,前轮单边换至后轮,如图 8-5a)所示。对于无方向要求的车轮可使用该方法。

方法二:进行前后轮单边换位,如图 8-5b)所示。

具体选择方法参看具体车型的维修手册确定。

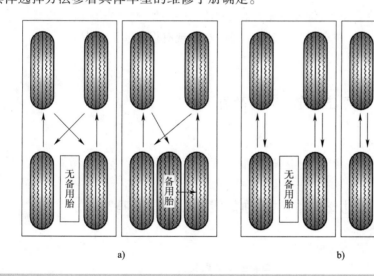

图 8-5 轮胎换位方法

2) 轮胎换位时注意事项

(1) 前、后轮胎所起的作用不同,因而磨损情况也不同,轮胎磨损的程度取决于路面状况、驾驶习惯、车轮定位、车轮平衡和轮胎气压等各种因素。

(2) 定期将轮胎换位,以平衡轮胎的磨损。除了定期的轮胎换位,每当发现轮胎已磨损不均匀,也应将轮胎换位。

(3) 子午线轮胎换位顺序如图 8-6 所示。有备用胎时的轮胎换位顺序如图 8-7 所示。

(4)子午线轮胎在肩部区域特别是前端磨损较快。非驱动轴位置的子午线轮胎可能产生不规则磨损而提高轮胎噪声,这就需要定期的四轮换位来解决。

(5)换位后应检查车轮螺母是否达到规定的紧固力矩,然后设定轮胎压力。

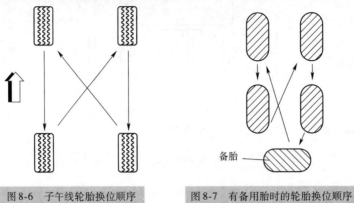

图 8-6　子午线轮胎换位顺序　　　　图 8-7　有备用胎时的轮胎换位顺序

二、实施作业

引导问题3　作业前应该准备哪些工、量具和设备?

(1)工、量具:车轮套筒、风炮或车轮拆装专用扳手等。
(2)设备:丰田卡罗拉轿车或其他轿车(根据本校现有设备实际情况)。
(3)维修手册、评分表等。

引导问题4　如何进行作业前的准备工作?

(1)现场安全确认:车辆、举升机、工位。
(2)车辆防护:磁力护裙、转向盘护套、变速杆手柄套、脚垫和座位套等。

引导问题5　通过查询和查找,你能找到以下信息吗?

请完成车辆基本信息表,见表8-1。

车辆基本信息表　　　　　　　　　　　　　　表8-1

项　目	具 体 信 息	项　目	具 体 信 息
车牌号码		发动机型号及排量	
行驶里程		车辆识别代码(VIN)	

引导问题6　如何对轮胎进行检查与换位?

请查阅维修手册,根据以下步骤进行作业。

项目四 行驶系统的检修

1 拆卸车轮总成（以下简称车轮）

（1）按对角交叉的方法将四个车轮的固定螺栓拧松，如图8-8所示。
（2）将车辆安全举升至轮胎最低点距离地面约20mm的高度，并可靠锁止。
（3）拆下车轮，做好标记，将车轮放在车轮架上，如图8-9所示。

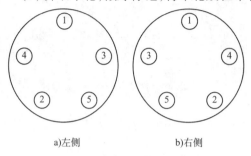

图8-8 拆卸车轮拧松螺栓顺序

图8-9 车轮放置

2 轮胎的检查

（1）检查轮胎是否有胎体变形、鼓包、橡胶开裂、异常磨损及穿刺异物等现象。如图8-10所示。
（2）检查并清除轮胎花纹中堆积的杂物等。
（3）测量轮胎花纹深度，检查花纹深度是否低于1.6mm，如图8-11所示。

图8-10 检查轮胎是否损坏

图8-11 测量轮胎花纹深度

提示：胎面磨损极限标志位于胎面花纹沟槽底部，当胎面磨损到磨损极限标志处时，花纹沟断开，该轮胎就必须停止使用。按照国家标准规定，每条轮胎应沿着周向等距离地设置不少于4个磨损标志。图8-12所示为带有6个磨损标志的轮胎。

（4）如图8-13所示，检查并记录轮胎气压。

提示：查看驾驶室车门附近标示牌上关于胎压要求，如果胎压过低则需进行充气；如果胎压过高则需进行放气，直到达到规定要求。

（5）如图8-14所示，检查气嘴气密性。

提示：将肥皂水涂在气嘴上，如果有冒泡，则说明漏气。

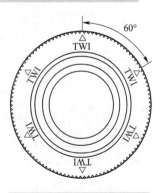

图8-12 轮胎磨损标志

(6) 检查轮辋损坏或腐蚀。
(7) 检查备胎。

图 8-13 检查轮胎气压

图 8-14 检查气嘴气密性

3 车轮的换位

查看维修手册，按照轮胎换位方法进行车轮换位，同时注意是否有备胎。

注意：出于安全考虑，车轮应成对调换，不可单独调换，而且轮胎花纹深的车轮一般应装在前轮位置。不同规格和不同帘线结构轮胎的车轮不得混合使用，不得使用低于规定层级的轮胎，而且不许混用窄轮辋或窄轮胎。

4 车轮的安装

(1) 将车轮换位后，对正螺栓孔，将车轮放置好，用手将螺母旋入。
(2) 使用车轮扳手以对角方法将螺母拧紧到合适力矩，拧紧顺序同拧松顺序（见图 8-8）。
(3) 将车降下后，按照对角分步要求，将螺栓拧紧到规定力矩。

5 应急情况下原地换车轮

车辆使用中遇到意外情况需要在公路或车辆停放处换车轮的情形很常见。

(1) 首先把换车轮用的工具准备好，取出备胎。如图 8-15 所示，把千斤顶置于所换车轮的相关位置（先不要全部顶起）。
(2) 钩出防尘帽，用专用套筒对角交叉地将所换车轮的全部螺栓拧松，如图 8-16 所示。

图 8-15 顶起车身

图 8-16 取出防尘帽

(3)顶起车辆,使轮胎面稍离地面,把螺栓全部松下,取下车轮。
(4)装上备胎,按对角交叉的顺序将螺栓拧紧。将车放下,再加力将所有螺栓拧紧。
(5)收拾并清洁好工具,将换下的车轮装回行李舱原来装备胎的位置中,如图8-17所示。

图8-17 将换下的车轮装回

三 评价与反馈

对本学习任务进行评价,如表8-2所示。

评 价 表　　　　　　　　表8-2

评价项目	评分标准	分数	学生自评	小组互评	教师评价	小计
团队合作情况	是否和谐	5				
活动参与情况	是否主动	5				
安全生产情况	有无安全隐患	10				
现场6S执行情况	是否做到	10				
任务方案设计	是否合理	10				
操作过程情况	(1)举升机操作; (2)车轮拆卸和轮胎换位; (3)轮胎的检查	30				
任务完成情况	是否圆满完成	5				
工、量具和设备的使用	是否标准、规范	10				
劳动纪律	是否严格遵守	5				
项目工单的填写	是否完整、规范	10				
总分		100				
教师签名:					得分	

四 学习拓展

(1)查阅资料了解目前国际上最著名的轮胎制造商,请写出它们的中文名称、英文名称和所属国家。

(2)通过网络查询轮胎的制作工艺。

学习任务九 轮胎的修补与更换

学习目标

◎ 知识目标
(1)能够叙述轮胎的结构及分类。
(2)能够叙述轮胎的标记。
(3)能够叙述车轮总成的动平衡。

◎ 技能目标
(1)能规范对轮胎进行修补或更换。
(2)能正确地识别轮胎的型号与规格。
(3)能规范对车轮总成进行动平衡检测。
(4)能规范正确地使用工、量具和设备。

◎ 素养目标
(1)具备团队合作精神和6S理念。
(2)提高安全、环境保护和节约意识。
(3)养成服从管理、规范作业的工作习惯。
(4)树立客户至上的服务意识。

 建议完成本学习任务的时间为 8 课时。

 学习任务描述

车主反映:自己的丰田卡罗拉轿车,车辆有一前轮胎损坏。需要你对轮胎进行检查,根据实际情况对轮胎进行修补或更换。

学习内容

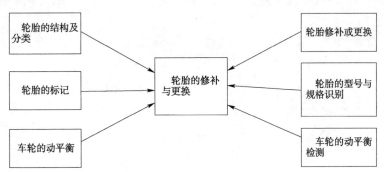

注意事项

(1) 注意人身、设备安全,认真执行6S管理。
(2) 严格遵守拆装规程。
(3) 注意清洁零件,严格按顺序摆放,以免造成装配错误。

一 资料收集

引导问题1 轮胎的结构是怎样的?用什么材料制造的?

1 轮胎的结构

轮胎通常由外胎、内胎、垫带组成。也有不需要内胎的,其胎体内层有气密性好的橡胶层,配合专用的轮辋构成。

2 轮胎的材料

汽车轮胎是橡胶与纤维材料及金属材料的复合制品,制造工艺是机械加工和化学反应的综合过程。橡胶与配合剂混炼后经压出制成胎面;帘布经压延、裁断、贴合制成帘布筒或帘布卷;钢丝经合股、包胶后成型为胎圈;然后将所有半成品在成型机上组合成胎坯,在硫化机的金属模型中,经硫化而制成轮胎成品。

引导问题2 汽车轮胎有哪些类型?汽车轮胎如何标记?

1 汽车轮胎的分类

(1) 汽车轮胎按用途可分为载货汽车轮胎和轿车轮胎;而载货汽车轮胎又分为重型、中型和轻型载货汽车轮胎。

(2) 汽车轮胎按胎体结构不同可分为充气轮胎和实心轮胎。现代汽车绝大多数采用充气轮胎。充气轮胎按组成结构不同,又分为有内胎轮胎如图 9-1 所示,无内胎轮胎如图 9-2 所示。

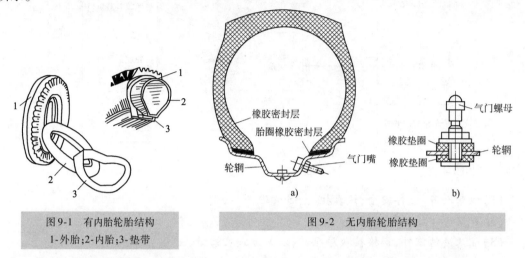

图 9-1　有内胎轮胎结构
1-外胎;2-内胎;3-垫带

图 9-2　无内胎轮胎结构

(3) 充气轮胎按胎体结构中帘线排列的方向不同可分为:斜交轮胎和子午线轮胎。斜交轮胎的帘线按斜线交叉排列,故而得名,如图 9-3 所示。

子午线轮胎的帘布层相当于轮胎的基本骨架,其排列方向与轮胎子午断面一致,如图 9-4 所示。

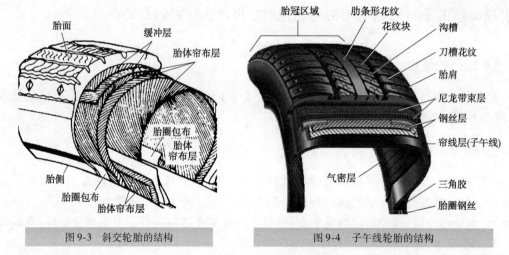

图 9-3　斜交轮胎的结构

图 9-4　子午线轮胎的结构

(4) 按胎内的空气压力大小,充气轮胎可分为高压胎、低压胎和超低压胎三种。气压在 0.5~0.7MPa 为高压胎;气压在 015~0.45MPa 为低压胎;气压在 0.15MPa 以下为超低压胎。

(5) 活胎面轮胎,如图 9-5 所示。

2　轮胎的标记

汽车轮胎上的标记有 10 余种,按国家标准规定,在外胎的两侧要标出生产编号,制造厂商标,尺寸规格,层级,最大负荷和相应气压,胎体帘布汉语拼音代号,安装要求和行驶方向记号等,如图9-6所示。

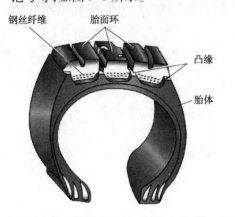

图9-5 活胎面轮胎结构

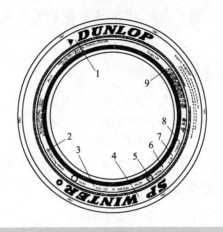

图9-6 轮胎标记
1-轮胎制造商;2-轮胎制造国;3-轮胎制造日期;4-胎面类型;5-标准;6-公司内部代码;7-冬季轮胎;8-子午线帘布结构;9-轮胎型号和速度等级

1）国际标准化组织(ISO)规定新轮胎规格标志

例如195/60R1485H。

其中：

195:轮胎名义断面宽度(195mm)；

60:轮胎名义高宽比(≈0.60)；

R:子午线轮胎标志；

14:轮辋名义直径(14in)；

85:负荷指数(515kg)；

H:速度符号(210km/h)。

2）我国轮胎的规格标志主要分为英制和公制规格标志

一般普通断面货车轮胎和轿车斜交轮胎使用英制规格标志。

例如6.5R166P. R。

其中：

6.5:轮胎名义断面宽度(6.5in)；

R:子午线轮胎标志；

16:轮辋名义直径(16in)；

6P. R. 轮胎层级为6(最大负荷为635kg相应气压为0.35MPa)。

一般子午线轿车轮胎使用这公制规格标志。

例如195/60HR14：

195:轮胎名义断面宽度(195mm)；

60:轮胎名义高宽比(≈0.60)；

H:速度符号(210km/h)；

R:子午线轮胎标志；

14:轮辋名义直径(14in)。

引导问题 3 什么是车轮的动平衡？如何判断哪些情况汽车需要做车轮的动平衡？

1 车轮的动平衡

由于轮胎或轮毂的材料组织内部不均匀，车轮与车轴的装配尺寸误差，轮胎与地面的不正常磨损等因素的影响造成车轮总成的动不平衡，导致汽车操纵稳定性下降。

行驶中车轮不平衡产生的影响。胎面会与地面产生不正常的磨损；会加速车轴与轴承的磨损；会加速悬架和转向系统部件的磨损；影响驾驶者的驾驶舒适性；操纵稳定性下降。

2 需要做动平衡的判断

以下情况车轮需要做动平衡：
(1) 行驶在平整的路面上时，感觉到转向盘发抖，车辆跳动，且速度越快，越明显。
(2) 修补轮胎、更换轮胎或轮毂后。
(3) 车轮发生强烈碰撞后。

二、实施作业

引导问题 4 作业前应该准备哪些工、量具和设备？

(1) 工、量具：撬棍等。
(2) 设备：需修补轮胎、润滑脂、压缩空气管路、U200 优耐特扒胎机、轮胎的修补套件、砂轮机、动平衡仪、平衡块若干（根据本校现有设备实际情况）。
(3) 维修手册、评分表等。

引导问题 5 如何进行作业前的准备工作？

(1) 现场安全确认：举升机、工位。
(2) 车辆防护：三件套、翼子板布、前格栅布、车轮挡块等。

引导问题 6 通过查询和查找，你能找到以下信息吗？

请完成车辆基本信息表，见表 9-1。

车辆基本信息表　　　　　　　　　　　　　　　　　　　表 9-1

项　目	具体信息	项　目	具体信息
车牌号码		发动机型号及排量	
行驶里程		车辆识别代码(VIN)	

引导问题 7 如何进行轮胎的修补与更换？

请查阅维修手册，将轮胎拆下后按如下步骤进行。

1 轮胎的拆卸

（1）如图 9-7 所示将轮胎内的气释放，去掉轮辋上所有配重铅块。

（2）认识 U200 扒胎机的结构，共有 4 个踏板。

（3）将轮胎放到如图 9-8 所示位置，反复转动轮胎并压下轮胎挤压板，踩下轮胎挤压臂踏板，使轮胎和轮辋彻底分离，操作时应注意避开气嘴位置。

图 9-7　释放轮胎气压

图 9-8　分离轮胎与轮辋

（4）如图 9-9 所示，将轮辋放在卡盘上，踩下锁紧/放松车轮踏板，锁住轮辋。

（5）在轮胎内圈抹上润滑脂。

（6）如图 9-10 所示将拆装臂拉下，使卡头内滚轮与轮辋边缘贴住，将扒胎臂卡紧。

图 9-9　固定车轮

图 9-10　拉下拆装臂

（7）如图 9-11 所示，用撬棍将轮胎挑到拆装臂尖角端外。

（8）如图 9-12 所示，踩下逆时针旋转踏板，使卡盘逆时针旋转，扒出一侧轮胎。

图 9-11　用撬棍挑出轮胎

图 9-12　扒出一侧轮胎

（9）如图9-13所示用相同的方法扒出另一侧轮胎。

（10）补胎完成后，用顺时针旋转方法将轮胎安装好，补充好胎压。

2 轮胎的修补

一般而言，胎冠被刺穿、扎钉或割开2～6mm的创口都可以进行修补。补胎方法依据轮胎受损程度，常用的有冷补（内补或粘贴补）和热补（俗称火补）法。

所谓冷补是先将受伤轮胎从轮辋上卸下，找到创口之后，清理创口处的异物，然后从轮胎内层贴上专用的补胎橡胶。其实，这种方法类似于

图9-13 扒出另一侧轮胎

自行车的补胎方法，只不过需要专用的扒胎机及补胎橡胶才能完成。其优点是可以对较大的创口进行修补，缺点是修补后的轮胎不够耐用。

热补同样要先将轮胎从轮辋上卸下，然后将专用的生胶片贴附于创口。再用烘烤机对创口进行烘烤，直至生胶片与轮胎完全贴合。热补的好处是耐用，基本不用担心创口处会重复漏气。缺点是操作的技术要求较高，因为一旦烘烤时的火候控制不好，很可能会将轮胎烧焦，严重的还会产生变形。

1）从轮胎内部修理

（1）标记好轮胎的受损位置。

（2）拆下轮胎并清洁受损区域。

（3）用砂纸或专用打磨工具打磨并清洁轮胎受损的区域，直到有平滑绒状的摩擦面产生。

（4）用锥子从里面修整轮胎破损的地方，切下或拆下钢束带层上任何可松动的钢丝材料。

（5）将补丁贴到受损部位，切掉多余的补丁保持与轮胎内部平齐。

（6）在补丁和受损处涂上化学硫化剂粘胶并使其变干。

（7）使用挤压工具从中心往四周在补丁上施加作用力，排出所有留存在补丁和轮胎之间的气体。

（8）重新把轮胎固定在轮辋上，并与第一步所做的标记对齐，按照充气标准为轮胎充气，再次检查轮胎是否漏气。

2）橡胶塞杆轮胎修补

（1）检查轮胎并清洁受损区域。

（2）选择恰当的专用橡胶塞杆。

（3）用专用工具由外到内进行穿刺橡胶塞杆。

（4）再用专用工具从轮胎的里面往外用力拔出并固定橡胶塞杆。

（5）清理突出轮胎外多余的塞杆。

提示：并不是所有的轮胎损坏都能进行修补。如果胎面扎钉且钉孔孔径大于6mm，胎肩或胎侧扎钉、开裂或漏气等情况必须更换新的轮胎。

3 车轮动平衡

（1）准备工作

①目检。车轮表面是否有污泥砂石等附在上面；轮胎表面是否卡有金属碎片、石头或其他异物；车轮是否有破损、变形和转动起来后颤抖的现象。

②调节轮胎气压。用气压表检测并将轮胎气压调节至标准气压。

提示：应在轮胎冷却后进行检查和调整轮胎气压。

（2）使用平衡钳拆下原车轮上的旧平衡块，拆卸时注意不要弄花轮辋的表面。

（3）将轮胎的中心孔对正平衡机旋转轴，将轮胎安装到平衡旋转轴上，选择合适的定位锥体，并将快换螺母旋紧到平衡转轴上，如图9-14所示。

（4）打开位于主机箱左侧的电源开关，控制面板上的指示灯应全部点亮。

（5）从主机箱右侧拉出"A"距离测量尺，测量主机箱到轮辋边缘的距离，通过"↑""↓"将数据输入到"A"设置里。

注意：测量"A"的距离时，要先拉动测尺刻线尾端，拉出测量尺使测量柱轻轻抵在轮辋边缘的平面上，然后从外露出来的刻度尺上读出"A"的距离值。

（6）使用宽度测量尺，测量轮辋两边缘的宽度值，测量时，测量尺位置要放置在正中间，读数时注意视线与刻度平齐。通过"↑""↓"将数据输入到"L"设置里。

（7）查找位于轮胎胎侧上的轮胎规格，确定轮辋直径，通过"↑""↓"将数据输入到"D"设置里。

（8）确定数据无误后，向前方推动车轮旋转，按下启动按钮（START 开始），平衡旋转轴开始旋转，数秒后自动停止旋转。待平衡旋转轴停止后，控制面板上的数值显示器显示的数字即为车轮总成的不平衡量。

（9）用手缓慢旋转车轮总成，当内侧不平衡点定位指示灯全部点亮时，停止转动轮胎，选择最接近显示不平衡量的平衡块，使用平衡钳将平衡块安装在内侧轮辋边缘最高点位置处，如图9-15所示。

图9-14　安装车轮

图9-15　安装内侧平衡块

三 评价与反馈

对本学习任务进行评价，如表9-2所示。

评 价 表 表9-2

评价项目	评分标准	分数	学生自评	小组互评	教师评价	小计
团队合作情况	是否和谐	5				
活动参与情况	是否主动	5				
安全生产情况	有无安全隐患	10				
现场6S执行情况	是否做到	10				
任务方案设计	是否合理	10				
操作过程情况	(1)举升机操作； (2)轮胎修补或更换； (3)轮胎的型号与规格识别； (4)车轮动平衡检测	30				
任务完成情况	是否圆满完成	5				
工量具和设备的使用	是否标准、规范	10				
劳动纪律	是否严格遵守	5				
项目工单的填写	是否完整、规范	10				
	总分	100				
教师签名：					得分：	

四 学习拓展

(1)查阅资料，了解爆胎监测与安全控制系统(BMBS)。

(2)查阅资料，了解充气补胎液的作用和原理。

项目四 行驶系统的检修

学习任务十　汽车行驶振动的检修

学习目标

◎ 知识目标
(1) 能够叙述悬架的作用及组成。
(2) 能够叙述减振器的工作原理。
(3) 能够叙述悬架系统的类型。

◎ 技能目标
(1) 能规范地对悬架系统进行检查及维护。
(2) 能规范地对前悬架、后悬架、球头、摆臂及减振器等相关部件进行更换。
(3) 能规范正确地使用工、量具和设备。

◎ 素养目标
(1) 具备团队合作精神和6S理念。
(2) 提高安全、环境保护和节约意识。
(3) 养成服从管理、规范作业的工作习惯。
(4) 树立客户至上的服务意识。

建议完成本学习任务的时间为 **10** 课时。

学习任务描述

车主反映：自己的丰田卡罗拉轿车，车辆行驶时转向盘振动。需要你对悬架系统进行检查及维护，根据情况可能要对前悬架、后悬架、球头、摆臂、减振器等相关部件进行更换。

学习内容

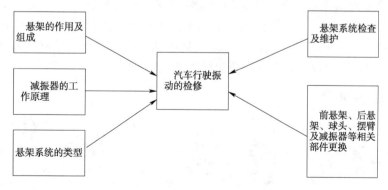

注意事项

(1) 注意人身、设备安全，认真执行6S管理。

(2) 严格遵守拆装规程。

(3) 注意清洁零件,严格按顺序摆放,以免造成装配错误。

一 资料收集

引导问题1 悬架系统的作用是什么?悬架系统由哪几部分组成?

1 悬架系统的作用

悬架把车桥和车架弹性地连接起来,并吸收和缓和由于地面引起的车轮跳动、冲击与振动,改善乘坐舒适性,传递路面作用于车轮的支持力、驱动力、制动力和侧向力及其产生的力矩,稳定车身的行驶姿势,便于操纵。

2 悬架系统的组成

如图10-1所示,悬架是车架或车身与车桥之间一切传力连接装置的统称,主要由弹性元件、减振器和导向机构三部分组成。

图10-1 典型悬架系统在车上的安装位置

弹性元件的作用是用来减缓来自路面的冲击,改善乘坐的舒适性。按制造材料可划分为金属弹簧和非金属弹簧两种,其中金属弹簧包括螺旋弹簧、钢板弹簧和扭杆弹簧,如图10-2所示。非金属弹簧包括橡胶弹簧和气体弹簧。

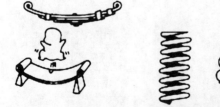

a) 钢板弹簧　　　　　　b) 螺旋弹簧　　　　　　c) 扭杆弹簧

图10-2 常见金属弹簧

项目四　行驶系统的检修

1）螺旋弹簧

如图10-3所示，螺旋弹簧是由特殊的圆形金属丝和棒材缠绕成的螺旋结构，弹簧的抗扭强度可以吸收振动力或冲击力。

2）钢板弹簧

钢板弹簧除了具有抗压抗振功能外，还可以看作支撑车桥的臂，兼起导向机构的作用。绝大部分载货汽车使用钢板弹簧非独立式悬架，如图10-4所示为钢板弹簧及其安装位置。

3）扭杆弹簧

如图10-5所示，扭杆弹簧主要是由高弹性的弹簧钢经特殊处理加工而成的一根钢杆，扭杆一端固定在车辆的固定部位，限制其扭转程度；另一端则连接到车辆的悬架控制臂上，可自由扭转。

图10-3　螺旋弹簧及其安装位置

图10-4　钢板弹簧及其安装位置

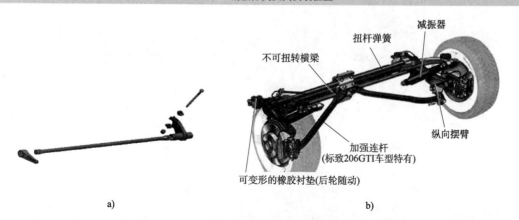

图10-5　扭杆弹簧结构及其安装位置

4）气体弹簧

气体弹簧包括空气弹簧和油气弹簧两种。空气弹簧多用于轿车，而油气弹簧主要应用于重型汽车上。空气弹簧是通过利用压缩空气所产生的弹性来缓冲车辆行驶过程中的小振动,如图 10-6 所示为空气弹簧的结构及其安装位置。

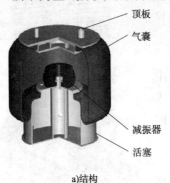

图 10-6　空气弹簧的结构及其安装位置

引导问题2　减振器工作原理是怎样的?导向装置具体组成是什么?

1 减振器工作原理

减振器能够使车架与车身的振动迅速衰减,改善汽车行驶的平顺性和舒适性,有效缓解乘客因弹簧反复变形所产生的疲劳感,并在限制弹簧的振动和改善舒适度的同时,延长弹簧的使用寿命。

减振器的作用如图 10-7 所示。当车轮受到来自路面的冲击时,弹簧的变形会减缓车辆所受到的冲击,由于减振器吸收了地面的冲击力,所以可以改善乘坐的舒适性。不带减振器的弹簧与带减振器弹簧的工作情况比较:没有减振器时,振动所持续的时间会较长;有减振器时,在较短的时间内减缓振动。

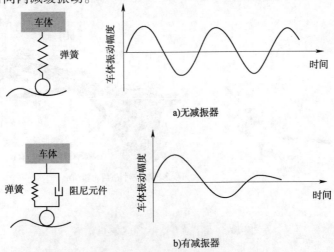

图 10-7　减振器的作用

多数汽车所使用的减振器是筒式伸缩减振器,其结构如图 10-8 所示。

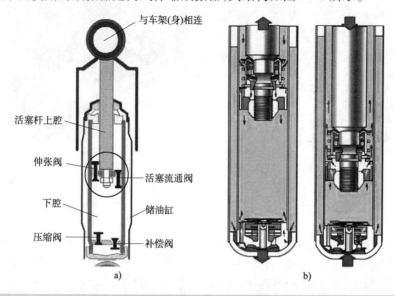

图 10-8 减振器结构

减振器以减振器油作为工作介质,利用减振器活塞的拉伸和压缩运动,使油液流经节流孔产生的流动阻力(阻尼力)来达到减振目的。

减振器的工作原理:单向阀(流通阀和补偿阀)的弹簧很软,弹力很弱,当阀上的油压作用力与弹簧力同向时,阀处于关闭状态,完全不通液流;而当油压作用力与弹簧力反向时,只要有很小的油压,阀便能开启。而卸载阀(压缩阀和伸张阀)的弹簧较硬,预紧力较大,只要当油压升高到一定程度时,阀才能开启,而当油压降低到一定程度时,阀即自动关闭,从而起到一定的阻尼作用,即缓冲减振作用。

2 导向装置

导向装置也称连接机构,如图 10-9 所示。主要由上摆臂、下摆臂、横向稳定杆和球头等连接杆件组成。

通过这些连杆部件可以将弹簧、减振器、稳定杆、车轮和车身都连接起来,起到承受车辆质量及车轮运动的作用。

图 10-9 导向装置组成

引导问题3 悬架系统有哪些类型?各自的特点有哪些?

悬架系统分为非独立悬架和独立悬架两种类型。
1)非独立悬架
非独立悬架中,两侧车轮与整体式车桥相连,由弹性元件将车轮和车轿悬挂在车架(或车身）下面。因此当一侧车轮因路面不平而发生跳动时,会引起另一侧车轮的位置随之发生变化,如图 10-10 所示。

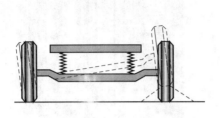
a)示意图

b)实物图

图 10-10 非独立悬架

2）独立悬架

独立悬架的结构特点是车架与每一侧车轮之间的悬架连接是独立的,如图 10-11 所示。它的车桥为断开式,当一侧车轮上下跳动时,不会影响到另一侧车轮位置的变化。这种悬架乘坐舒适性和操纵稳定性都较好,还可降低汽车重心。独立悬架可分为双横臂、单横臂、纵臂式、单斜臂、多杆式及滑柱连杆（摆臂）式（麦弗逊式）等多种,撑杆式独立悬架、双叉式独立悬架比较多见。

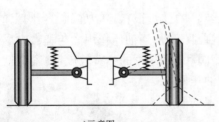
a)示意图

b)实物图

图 10-11 独立悬架

二、实施作业

引导问题4 作业前应该准备哪些工、量具和设备？

（1）工、量具：撬棒、球头钳、扭力扳手、弹簧压缩装置、世达工具 120 套件等。
（2）设备：丰田卡罗拉轿车或其他轿车（根据本校现有设备实际情况）。
（3）维修手册、评分表等。

引导问题5 如何进行作业前的准备工作？

（1）现场安全确认：车辆、举升机、工位。
（2）车辆防护：三件套、翼子板布、前格栅布、车轮挡块等。

引导问题6 通过查询和查找,你能找到以下信息吗?

请完成车辆基本信息表,见表10-1。

车辆基本信息表　　　　　　　　　　　　　　　　　　　　　　　　　　表10-1

项　　目	具体信息	项　　目	具体信息
车牌号码		发动机型号及排量	
行驶里程		车辆识别代码(VIN)	

引导问题7 如何对汽车行驶振动进行检修?

请查阅维修手册,根据以下步骤进行作业。

1 悬架系统的检查与维护

1)检查车辆倾斜状况

目测检查车辆倾斜状况,如图10-12所示。

2)检查前悬架

(1)检查减振器和螺旋弹簧。

①仔细查看减振器是否有漏油、老化、松垮、变形和破裂等现象,螺旋弹簧是否损坏,弹簧保

图10-12　检查车辆倾斜状况

护漆层是否有腐蚀、刮伤、划痕或麻点现象,橡胶防尘套和缓冲块(限位块)有无破损。

②检查减振器的减振效果。用力按下保险杠,然后松开,如果汽车在2~3次跳跃中迅速停止振动,则说明减振器工作良好。

提示:如果汽车在道路条件较差的路面上行驶10km后停车,用手摸减振器外壳,如果不够热,说明减振器内部无阻力,减振器不工作。

③将车辆举离地面,检查减振器上下安装支架螺栓是否有松动。

(2)检查稳定杆铰接头和稳定杆衬套。

如图10-13所示,先将车辆举升,检查稳定杆及连杆是否松旷,铰接头是否完好,防尘套是否损坏。把车辆放下时,观察前悬架的稳定杆支承处拉杆是否移位和有无间隙,衬套是否老化且出现裂痕、损坏等。

(3)检查车身与底盘之间的支架螺栓。

采用套筒扳手检查悬架横梁与车身之间,以及中间梁与车身之间所连接的螺栓是否松动。

(4)检查悬架臂与球头。

如图10-14所示,检查球头防尘罩有无破损,用撬棍检查球节是否过松,上、下晃动下悬架臂,检查球头是否有游隙。

如图10-15所示,检查悬架臂有无裂纹、变形或损坏。用撬棒轻轻撬动悬架臂与车架连接端,检查衬套有无破损老化和裂纹。

图10-13 检查稳定杆及连杆是否松旷

图10-14 检查球头　　　　　　图10-15 检查悬架臂衬套

3）检查后悬架

如图10-16所示，是后悬架的结构图及安装支座图，其检查项目与前悬架基本相同。

图10-16 检查后悬架

2 更换悬架下摆臂以及球头

（1）拆卸车轮后，操纵举升机，将车辆再次举升到适当高度后，可靠锁止提升臂。

（2）拆下下摆臂球头螺母定位销，将下摆臂球头螺母旋松至将近螺牙尾端位置，使用球头钳将下摆臂球头销轴压出，取出下摆臂球头螺母，最后将下摆臂球头拔出孔座，如图10-17所示。

提示：在安装球头钳时要保护球头防尘罩，在压出销轴前不要退出螺母，防止压弯压坏销轴。

(3)卸下下摆臂与车身连接螺栓,取下下摆臂。

(4)将下摆臂放置到操作台上,旋下球头底板固定螺母,然后取出螺栓及球头。取下球头前,注意做好装配记号,如图10-18所示。

图10-17 拆下下摆臂球头

图10-18 做装配记号

(5)检查下摆臂及其球头。

①检查下摆臂是否有碰撞、敲击痕迹及变形现象。

②检查橡胶衬套、防护罩,是否有偏磨、断裂及橡胶老化现象。

③检查球头销是否有卡滞及阻力过大现象。

④检查球头与球壳之间是否存在明显松旷。

⑤检查球头的橡胶防护罩,是否有老化、破裂现象。如果有则更换。

(6)安装下摆臂及其球头。

①将下摆臂放置到操作台上,安装球头螺栓,旋紧球头底板固定螺母。安装球头前,注意确认装配记号,拧紧力矩为89N·m。

②将下摆臂内端两叉插入车身支架内,对准螺栓孔后,将螺栓穿过支架和叉孔,然后用手旋上螺母。

③将下摆臂球头销轴插入孔座内,用手将球头螺母旋上,如果发现阻力过大,导致球头随转,可使用撬棒将下摆臂向上施加压力。

(7)安装车轮。

3 更换前减振器及弹簧总成

(1)拆下车轮。

(2)如图10-19所示,拆下固定制动软管的E形环,并从托架上拆下制动软管。分离前稳定杆。

(3)如图10-20所示,拆卸减振器与转向节连接螺栓。

提示:拆卸减振器与转向节连接螺栓、螺旋弹簧前要做好左、右标记,记下原来的位置,便于重新安装减振器时能将原部件恢复到原安装位置,否则会导致车轮定位参数的变化。

(4)将车辆下降,用手托住减振器,拆减振器与车身连接螺栓。

(5)取下减振器与弹簧总成。

(6)检修减振器。

图 10-19 拆下制动软管

图 10-20 拆卸减振器与转向节连接螺栓

①如图 10-21 所示,将减振器用台钳夹紧,用维修专用工具夹住弹簧座,使弹簧能够收紧,拆下螺母。

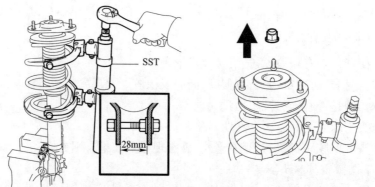
图 10-21 分解减振器

②如图 10-22 所示,拆下悬架支座、弹簧座、防尘密封圈、弹簧、隔振座和隔振垫。

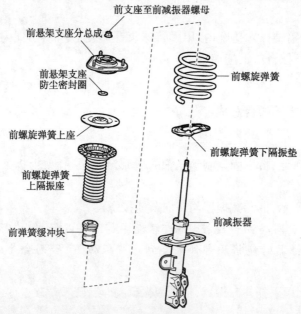
图 10-22 前减振器总成结构

提示：不可随意拆开减振器的任何部件，以免受压的螺旋弹簧张力迅速反弹，伤害维修人员。

③检查分解的减振器及弹簧总成。检查上弹簧座是否变形；缓冲块有无破裂；弹簧座轴承工作情况。如图10-23所示，手工检查减振器性能。

（7）安装前减振器。

按拆卸的相反顺序安装前减振器，其步骤如下：

①检查减振器及各橡胶件，对损害件予以更换。

②用专用工具将螺栓弹簧压缩后，连同专用工具一起把螺旋弹簧安装在前减振器的弹簧座上，然后按拆卸时相反的次序将零件装复，同时注意上下弹簧座螺旋槽端应对准弹簧上下端面开口处。

③拧紧自锁螺母至规定力矩，小心将压缩弹簧的专用工具取下。

④把减振器下吊环装于下支架的对应孔中，装上橡胶衬套垫圈及螺母，并予以拧紧，再把减振器上吊环通过连接销与上支架连接在一起。

图10-23　手工检查减振器性能

三 评价与反馈

对本学习任务进行评价，如表10-2所示。

评　价　表　　　　　　　　　　　表10-2

评价项目	评分标准	分数	学生自评	小组互评	教师评价	小计
团队合作情况	是否和谐	5				
活动参与情况	是否主动	5				
安全生产情况	有无安全隐患	10				
现场6S执行情况	是否做到	10				
任务方案设计	是否合理	10				
操作过程情况	（1）举升机操作； （2）悬架系统检查及维护； （3）前悬架、后悬架、球头、摆臂及减振器等相关部件更换	30				
任务完成情况	是否圆满完成	5				
工量具和设备的使用	是否标准、规范	10				
劳动纪律	是否严格遵守	5				
项目工单的填写	是否完整、规范	10				
总分		100				
教师签名：						得分：

四 学习拓展

(1)查阅资料,了解电控悬架系统的工作原理。

(2)液力减振器根据其起减振作用的行程不同分为双向作用式和单向作用式两种,它们有什么区别?

学习任务十一 汽车行驶跑偏的检修

学习目标

◎ **知识目标**
(1)能够叙述车轮定位的作用及含义。
(2)能够叙述车轮定位的判断和车轮定位的好处。

◎ **技能目标**
(1)能规范地对汽车进行车轮定位的检查与调整。
(2)能正确地进行车轮定位仪的使用。
(3)能规范正确地使用工、量具和设备。

◎ **素养目标**
(1)具备团队合作精神和6S理念。
(2)提高安全、环境保护和节约意识。
(3)养成服从管理、规范作业的工作习惯。
(4)树立客户至上的服务意识。

建议完成本学习任务的时间为**6**课时。

学习任务描述

一辆丰田卡罗拉轿车(1ZR),车主反映:车辆行驶时总是跑偏。需要你对悬架系统进行检查及维护,根据情况使用车轮定位仪对汽车进行检查并进行调整。

项目四　行驶系统的检修

学习内容

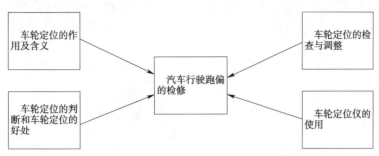

注意事项

(1) 注意人身、设备安全,认真执行6S管理。
(2) 严格遵守拆装规程。
(3) 注意清洁零件,严格按顺序摆放,以免造成装配错误。

一　资料收集

引导问题1　车轮定位的作用是什么？什么是车轮定位？

1　车轮定位的作用

车轮定位的作用是使汽车保持稳定的直线行驶和转向轻便,并减少汽车在行驶中轮胎和转向机件的磨损。良好的车轮定位参数匹配能保证汽车具有良好的操纵稳定性,防止汽车在使用过程中出现转向沉重、发抖、跑偏、不复位、振动、摇摆等不正常磨损现象。

2　车轮定位角

前轮定位包括主销后倾角、主销内倾角、前轮外倾角和前轮前束四个定位参数;后轮定位包括车轮外倾角、后轮前束角和推力角三个定位参数,如图11-1所示。汽车前轮定位和后轮定位总起来说叫车轮定位,也就是常说的四轮定位。

1) 主销后倾角

如图11-2所示,从侧面看车轮,转向主销(车轮转向时的旋转中心轴线)向后倾倒,称为主销后倾角。当汽车直线行驶,因偶受外力而发生偏离时,滚动阻力会将车轮向后拉,即能产生相应的稳定力矩,使汽车转向轮自动回正,保证汽车的稳定直线行驶。

2) 主销内倾角

如图11-3所示,从车前后方向看轮胎时,主销轴向车身内侧倾斜,该角度称为主销内倾角。

123

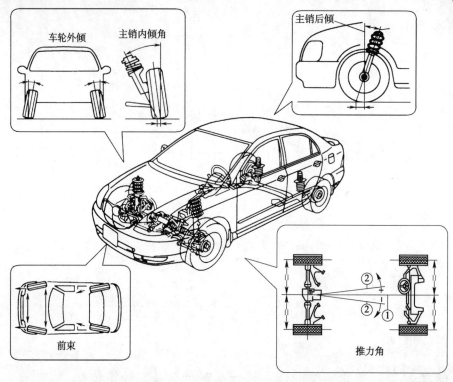

图 11-1 车轮定位各参数在车上的位置

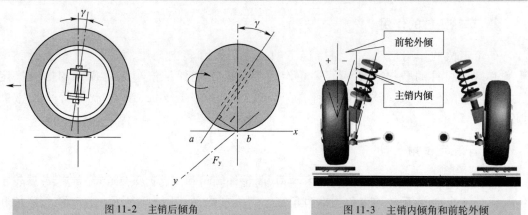

图 11-2 主销后倾角　　　　　图 11-3 主销内倾角和前轮外倾

主销内倾角的作用如下：

（1）使车轮转向后能自动回正，保持汽车直线行驶。当车轮以主销为中心回转时，车轮的最低点将陷入路面以下，但实际上车轮下边缘不可能陷入路面以下，而是将转向车轮连同整个汽车前部向上抬起一个相应的高度，这样汽车本身的重力有使转向车轮回复到原来中间位置的趋势，从而使转向盘复位容易。

（2）可使转向操纵轻便、省力。主销内倾角还使得主销轴线与路面交点到车轮中心平面与地面交线的距离减小，从而减小转向时驾驶人施加在转向盘上的力，使转向操纵轻便。同时也可减少从转向轮传到转向盘上的冲击力。

3）前轮外倾角

从前后方向看车轮时，轮胎并非垂直安装，而是稍微"倾倒"呈现"八"字形张开，故称为前轮外倾角（见图11-3）。

前轮外倾角的作用是：

（1）使轮胎倾斜触地便于转向盘的操作，能够使转向更为轻便。

（2）由于很多路面中间比两边高，采用主销外倾，可以使车轮充分与地面接触。

4）前轮前束

如图11-4所示，从车上方看，前轮分别向内，即所谓"内八字脚"。

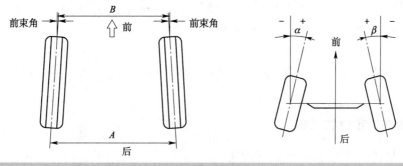

图11-4　前轮前束

前轮前束的作用：如图11-5所示，能修正上述前轮外倾角引起的车轮向外侧转动。

上述的四种定位值都是前轮定位的指标。后轮定位值与前轮定位值相似，绝大多数的轿车后轮定位不可调整。

5）后轮的外倾和前束

如图11-6所示，在有些发动机前置、前驱动的轿车上，后轮是从动轮。汽车的驱动力 F 通过纵臂作用于后轴上，如果车轮没有前束角，当汽车行驶时，在驱动力 F 作用下，后轴将产生一定弯曲，使车轮出现前转现象，会使轮胎出现偏磨损。

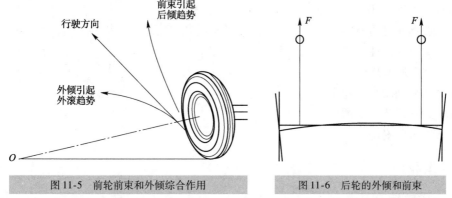

图11-5　前轮前束和外倾综合作用　　图11-6　后轮的外倾和前束

同样后轮设置后轮外倾角（负值），增加车轮接地点的跨度，增加汽车的横向稳定性。负外倾角是用来抵消当汽车高速行驶且驱动力 F 较大时，车轮出现的负前束以减少轮胎的磨损。

6）推力角

如图11-7所示，推力角车辆在俯视平面内纵向轴线和推力线（是一条假想的线，从后轴

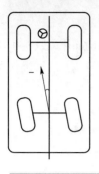 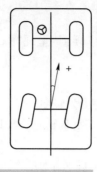

图 11-7　推力角

中心向前延伸,由两后轮共同确定的后轴行驶方向线)的夹角。推力线相对纵向轴线向左侧偏斜为正,向右侧偏斜为负。运行状况良好的汽车是不应该有推力角的,然而,由于后轴胶套磨损等原因,会使后轴推力线偏斜,后轮沿推力线产生沿汽车重心的力矩,使汽车跑偏,因此推力角的存在是汽车跑偏的一个重要原因。如果后轮指向汽车正前方,轴向推力线和汽车几何中心线一致,则推力角为零。当汽车直线行驶,后轮驱动汽车沿着推力线前进,因此零推力角是理想的。目前大多数四轮定位仪都是根据推力角定位的。

引导问题 2　什么情况下汽车需要车轮定位?车轮定位有哪些好处?

1　需要车轮定位的判断

一般来说,在下列情况需要做车轮定位。
(1)更换新胎或发生碰撞事故维修后。
(2)前后轮胎单侧偏磨。
(3)驾驶时转向盘过重或飘浮发抖。
(4)直行时汽车向左或向右跑偏。
(5)虽无以上状况,但出于维护目的,建议新车在驾驶 3 个月后,以后半年或行驶 10000km 做一次车轮定位。

2　车轮定位的好处

车轮定位的好处在于:
(1)增强驾驶舒适感。
(2)减少汽油消耗。
(3)增加轮胎使用寿命。
(4)保证车辆的直行稳定性。
(5)减少悬架装置的磨损。
(6)增强行驶安全。

二、实施作业

引导问题 3　作业前应该准备哪些工、量具和设备?

(1)工、量具:胎压计、钢尺、世达工具 120 套件等。
(2)设备:丰田卡罗拉轿车(1ZR)或其他轿车(根据本校实际)、车轮定位仪。
(3)维修手册、评分表等。

引导问题 4 如何进行作业前的准备工作?

(1)现场安全确认:车辆、举升机、工位。
(2)车辆防护:三件套、翼子板布、前格栅布等。

引导问题 5 通过查询和查找,你能找到以下信息吗?

请完成车辆基本信息表,见表 11-1。

车辆基本信息表　　　　　　　　　　　　　　　　表 11-1

项　　目	具 体 信 息	项　　目	具 体 信 息
车牌号码		发动机型号及排量	
行驶里程		车辆识别代码(VIN)	

引导问题 6 如何对汽车行驶跑偏进行检修?

丰田卡罗拉轿车(1ZR)前轮定位角为例。请查阅维修手册,根据以下步骤进行作业。

1 车轮定位的检查与调整

1)车轮定位检修步骤
车轮定位检修步骤:定位前准备工作,安装卡具和定位仪,测量与调整,车轮定位后的检验。

2)定位前准备工作
(1)停放车辆。
①车辆停置于检测台上。
②转向盘处于直线行驶位置。
③车轮位于居中位置。
④车身处于空载状态。
⑤分别压车身的前部和后部,使车辆的悬架回弹至正常位置。

(2)车轮检查。
检查四个车轮的胎压是否符合标准胎压、轮胎尺寸是否相同;轮胎花纹是否有明显的异常磨损;轮胎动平衡是否正常;轮胎是否偏摆。

(3)悬架检查。
①车身高度检查如图 11-8 所示。
②螺旋弹簧是否损坏或明显变形。

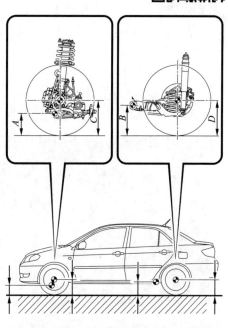

图 11-8　车身高度检查

③减振器是否漏油或损坏。
④转向横拉杆是否变形。
⑤转向横拉杆球头节是否损坏或松动。
⑥悬架臂是否明显变形。
⑦悬架臂球头节是否损坏或松动。
⑧悬架臂铰接处衬套是否损坏或松动。

3）车轮定位

以百斯巴特 ML 8R Tech 型定位仪为例，如图 11-9 所示。

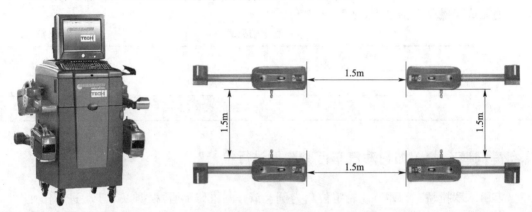

图 11-9　百斯巴特 ML 8R Tech 型定位仪

百斯巴特 ML 8R Tech 型定位仪所测量的数据经由无线电通信的方式发送到主机的接收器，再传输到计算机进行处理。如果在打开定位仪包装后立刻开始测试定位仪传感器，请确保各传感器之间至少相距 1.5m。由于每个传感器装备有两个 CCD 镜头，使用红外线进行测量，所以相对应镜头之间的光线不能被遮挡。

（1）安装制动器锁。

安装方法如图 11-10 所示。

（2）安装多用快速卡具。

如图 11-11 所示，将车轮装饰盖拆下，并清洁轮胎卡紧衬套。

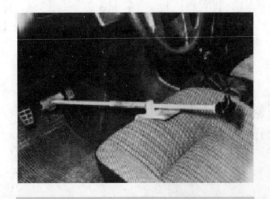

图 11-10　安装制动器锁

图 11-11　安装多用快速卡具

(3)安装传感器。

连接通信电缆和转角盘电缆,电缆连接好之后,拔掉转角盘和后滑板上的固定销,如图 11-12 所示。将车辆举升后落到举升机最低一格的安全锁止装置,以保证举升平台处于水平状态。

依照水平气泡指示调整传感器水平,气泡处在显示条的中央时,拧紧卡具上的固定螺钉。

(4)测量前的准备工作。

打开测试主机之后,传感器上的电源指示灯亮。进入测量程序的初始状态,按屏幕提示进行操作:按 R 键或相应的位置键激活各个传感器,把传感器上放水平后拧紧固定旋钮,水平气泡处在大致中央的位置。

图 11-12 安装传感器

按 F3 键可前进到下一步。屏幕上出现"TEST",表示系统正在刷新所记忆的上次测量的信息。然后程序开始测量步骤。测量步骤主要分四步:

① 测量前的准备工作;

② 输入登记表格;

③ 选择车型;

④ 偏位补偿。

(5)调整前检测。

完成准备工作后进入调整前检测步骤,屏幕上会出现转向盘对中提示图案。在绿色区域内,表示可以接受的范围,但是在绿色范围的左右两侧的测量结果,会相差 5′左右。因此,最好是将箭头对中绿色区域的中间黑线处。打转向盘的顺序为:先对中,然后向右 20°,再向左 20°,接着对中。此时屏幕上出现测量得到的前轮前束时。按 F3 键进入到测量最大总转角的步骤,使用电子转角盘的定位仪可以通过这个步骤自动测量出最大总转角。先对中转向盘,然后按照屏幕提示,取下两个前部传感器。待屏幕上显示出测量等待画面后,连续向右打转向盘直到打不动为止,然后稳定住不松手。等到测量结束后,再连续向右打转向盘直到打不动为止,然后稳定住不松手。等到测量结束后,屏幕自动显示出所有的测量数据。再装上两个前部传感器,如果测量出的数据中,可调数据有超出允许范围的,则可进入到定位调整的步骤。

(6)定位调整。

做定位调整前,先用转向盘锁将转向盘固定成水平状,再升起举升机到合适调整的高度,将举升机锁止在水平安全位置。将四个传感器调整为水平状态,再操作定位仪进入定位调整操作。调整程序会先显示车辆后轴各参数的测量值,如果车辆后轴参数是可调的(多数车辆的后轴定位参数是不能调整的),则可参照屏幕上显示的数据进行调整,屏幕显示的数据会随时显示当前调整后的参数数据。后轴定位参数调整完后,按 F3 键可进入前轴调整步骤。前轴外倾角的调整按照车辆底盘的结构可分为两种,一种是需要举升前轴使前轴车轮悬空才能调整外倾角;另一种是不需要举升前轴就可调整外倾角。

(7) 调整后检测。

将举升机降回到调整前测量时的高度,将举升机锁止在水平安全位置。进入调整后测量步骤,此时屏幕上显示出当前的两前轮的单独前束值。按 F3 键前进,其余步骤与调整前检测的步骤相同。

2 外倾角的调整

外倾角的调整因车型各异,调整方法也不同,而后轮外倾角一般都不可调整。常用调整方法有调整垫片、大梁槽孔、同心凸轮、偏心球头、上控制臂的调整、下控制臂的调整等。

1) 车架与控制臂之间加减垫片调整法

车架与控制臂之间加减垫片调整法,如图 11-13 所示,该方法是通过在车架与控制臂之间加减垫片的方法使控制臂向内或外移动,从而使轮胎的顶端向内或外移动。如果减少车架上的垫片则控制臂向内移动,改变外倾角向负的方向调整;如果增加车架上的垫片则控制臂向外移动,改变外倾角向正的方向调整。如果只改变外倾角角度,加减垫片数量于前后调整螺栓必须相等。

2) 大梁槽孔的调整

如果控制臂的安装是用螺栓孔的,可用上悬臂的长方螺栓孔进行调整。只要前后两个螺栓孔位置相对移动的刻度相同,就可以调整外倾角,如图 11-14 所示。

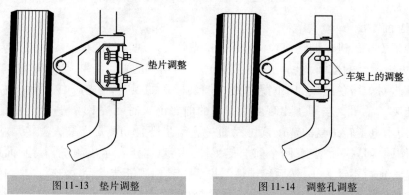

图 11-13 垫片调整　　　图 11-14 调整孔调整

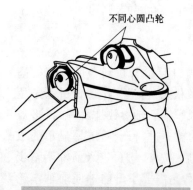

图 11-15 凸轮调整

3) 同心凸轮的调整

克莱斯勒汽车采用的是使用不同心圆凸轮螺栓装在控制臂上,要调整外倾角角度可通过转动不同心凸轮来实现,如图 11-15 所示。

4) 偏心球头的调整

偏心球头的调整,如图 11-16 所示。有一种控制臂的设计是不对称的,一侧用于调整后倾角,另一侧用于调整外倾角。

5) 减振器上支柱的调整

减振器上支柱的调整,如图 11-17 所示。减振器支柱上方使用的座由橡胶及铁构成,称为支柱上座。支柱上座与机架相连,将减振器上支柱向内(发动机外侧)或向外移动可改变外倾角的大小。

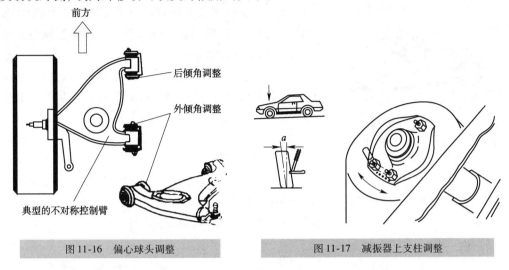

| 图 11-16 偏心球头调整 | 图 11-17 减振器上支柱调整 |

3 前束的调整

如图 11-18 所示,汽车前轮后端的距离数值减去前端的距离数值即为前束值。前束值变化范围为 $A_2 - A_1 = 2 \sim 7$ mm。

如图 11-19 所示,改变左右横拉杆的长度即能改变前束。调整时先将横拉杆的锁紧螺母松开,再顺转或反转横拉杆。调整合适后再拧紧锁紧螺母。注意左右横拉杆的长度差不应大于 3mm。

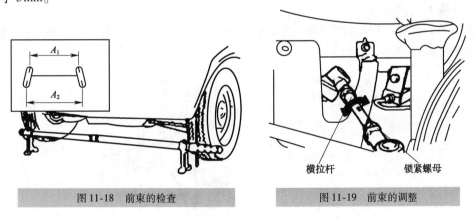

| 图 11-18 前束的检查 | 图 11-19 前束的调整 |

4 主销后倾角的调整

对于后倾角的调整,应根据车型的不同,进行分析判断,然后进行调整,其调整方法有以下几种:

1) 在车架与控制臂之间加减垫片

在车架与控制臂之间加减垫片,如果车辆上控制臂在加减垫片时,垫片加减数量相同则不会影响外倾角。要先调整后倾角再调整外倾角,否则外倾角调整后再调整后倾角则在调整后倾角时将改变外倾角的大小。

2）孔的调整

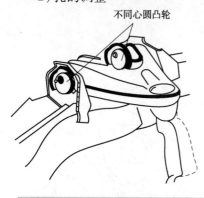

图11-20 不同心凸轮螺栓调整

就是上悬臂用长方螺栓孔进行调整,只要前后两个螺钉位置相对移动的刻度相同,则不会影响外倾角。

3）凸轮螺栓的调整

由于控制臂上装有不同心凸轮螺栓,因此转动不同心凸轮螺栓就可以改变主销后倾角角度。两个不同心凸轮螺栓所转角度一致时不会改变外倾角,如图11-20所示。

4）支柱的调整

早期使用的支撑杆调整后倾角,支撑杆与支架连接,如果调长支杆则下球头会向后移而减少后倾角;而缩短支杆将增加后倾角,如图11-21所示。

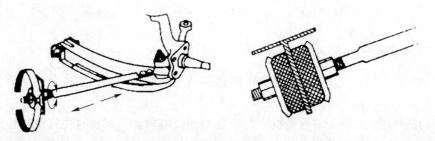

图11-21 支撑杆调整后倾角

5）不对称臂的调整

调整不对称臂一侧(长控制臂)可以调整后倾角;而调整不对称臂的另一侧(短控制臂)可以调整外倾角,如图11-22所示。

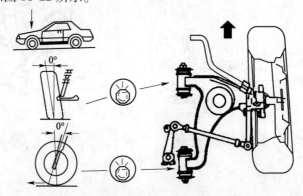

图11-22 对称臂调整后倾角

5 车轮定位调整测量作业表

车轮定位调整测量使用的作业表可参考表11-2。

车轮定位调整测量作业表   表 11-2

序号	车轮定位值	前轮或后轮	调整前	调整后	标准值
1	主销后倾角	前轮			
2		后轮			
3	主销内倾角				
4					
5	车轮外倾角				
6					
7	前束值				
8					

三 评价与反馈

对本学习任务进行评价,如表 11-3 所示。

评 价 表   表 11-3

评价项目	评分标准	分数	学生自评	小组互评	教师评价	小计
团队合作情况	是否和谐	5				
活动参与情况	是否主动	5				
安全生产情况	有无安全隐患	10				
现场6S执行情况	是否做到	10				
任务方案设计	是否合理	10				
操作过程情况	(1)举升机操作; (2)车轮定位的检查与调整; (3)车轮定位仪的使用	30				
任务完成情况	是否圆满完成	5				
工量具和设备的使用	是否标准、规范	10				
劳动纪律	是否严格遵守	5				
项目工单的填写	是否完整、规范	10				
	总分	100				
教师签名:					得分:	

四 学习拓展

(1)查阅资料,说明丰田凯美瑞 240G 轿车的主销后倾角、主销内倾角、车轮外倾角和前轮前束的定位参数。

(2)汽车的轴距与轮距对汽车行驶性能有哪些影响?

项目五 转向系统的检修

项目描述

转向系统装置是车辆的重要组成部分。转向系统工作不良或失效,将导致转向沉重且不能回正、转向沉重且有异响、助力转向油渗漏等故障。学生通过完成本项目三个学习任务,掌握转向系统的作用、组成和工作原理;机械转向器的结构;汽车转向动力装置的组成及工作过程;动力式转向系统的结构及工作原理等知识,能规范使用工、量具和设备对转向系统装置进行拆装、调整与检修,为后续的项目学习打下良好的基础。

学习任务十二 转向沉重且不能回正的检修

学习目标

◎ **知识目标**
(1)能够叙述转向系统的作用、组成和工作原理。
(2)能够叙述转向盘自由行程检查与调整的必要性。
(3)能够叙述机械转向器的结构。

◎ **技能目标**
(1)能规范地对转向盘自由行程进行检查与调整。
(2)能规范地对转向操纵机构和转向传动机构进行拆装与检修。
(3)能规范地对齿轮齿条转向器进行拆装与调整。
(4)能规范正确地使用工、量具和设备。

◎ **素养目标**
(1)具备团队合作精神和6S理念。
(2)提高安全、环境保护和节约意识。
(3)养成服从管理、规范作业的工作习惯。
(4)树立客户至上的服务意识。

项目五 转向系统的检修

 建议完成本学习任务的时间为 **12 课时**。

 学习任务描述

车主反映:自己的桑塔纳 3000 轿车,车辆转向时沉重且不能回正。需要你对转向系统的转向盘自由行程进行检查和调整,并对转向操纵机构、转向传动机构及转向器进行拆检。

 学习内容

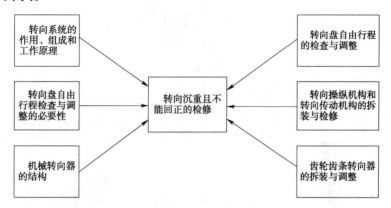

 注意事项

(1) 注意人身、设备安全,认真执行 6S 管理。
(2) 严格遵守拆装规程。
(3) 注意清洁零件,严格按顺序摆放,以免造成装配错误。

一 资料收集

引导问题 1 转向系统的作用是什么?转向系统由哪些部分组成?

1 转向系统的作用

汽车转向系统的作用是:根据需要使转向轮发生偏转,适时地改变汽车的行驶方向,确保汽车稳定安全正常行驶。

2 转向系统的组成

汽车转向系统包括机械式转向系统和动力式转向系统两大类型。机械式转向系统由转向操纵机构、机械转向器和转向传动机构三大部分组成,如图 12-1 所示。

动力式转向系统是在机械转向系统的基础上增加了一套液压助力装置如图 12-2 所示。

135

汽车底盘维修

由图中可看出动力式转向系统一般由转向动力装置和转向机械装置组成。

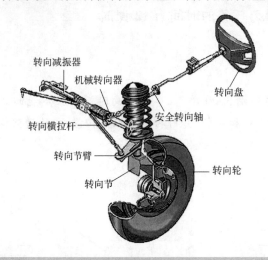

图 12-1　机械式转向系统的组成

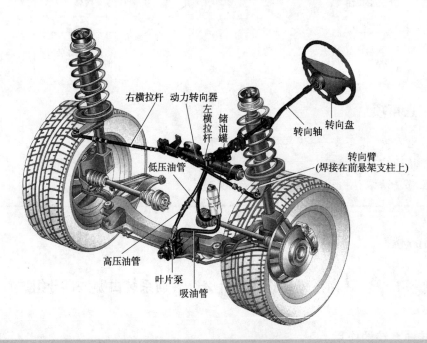

图 12-2　动力式转向系统的组成

引导问题 2　转向系统的工作原理是怎样的？为什么转向盘有自由行程？

1　转向系统的工作原理

汽车转向时，驾驶人转动转向盘的力矩，通过转向操纵机构输入转向器；

同时,由转向动力装置将发动机的机械能转化为液压能,之后,也进入转向器,经过转向器的减速增扭对力矩进行放大并改变方向后,传给转向传动机构,最后作用于转向轮,使之发生偏转,从而实现汽车转向。

2 转向盘自由行程

转向盘自由行程是指在转向轮发生偏转之前,转向盘向左、向右所能转过的最大角度。转向盘的自由行程是由转向系统中各传动件之间必然存在的装配间隙所引起的,而且这些间隙随零件磨损逐渐增大,因此在一定范围内转动转向盘时,必须先消除这些间隙后,车轮才开始偏转,即转向盘有一空转过程。转向盘的自由行程消除对于缓和路面冲击和避免驾驶员的过度紧张是有利的。但该行程也不宜过大,以免影响传动系统的灵敏性。

一般,转向盘从汽车直行的中间位置向任意方向自由行程最好不超过10°~15°。当零件磨损严重到转向盘自由行程超过25°~30°时,必须进行调整或换件。

引导问题3 机械转向器的作用是什么?其结构形式有哪些?

1 机械转向器的作用

转向器是转向系统中最主要的机件,它的作用是:增大驾驶员作用在转向盘上的力矩和改变力矩方向,再由转向传动机构传递到转向轮上。

2 机械转向器的结构形式

机械式转向器按其结构形式分为:齿轮齿条式、循环球式、曲柄双销式和蜗杆滚轮式。在此主要叙述齿轮齿条式和循环球式转向器。

1)齿轮齿条式转向器

齿轮齿条式转向器采用一级传动副,主动件是转向齿轮,从动件是转向齿条,如图12-3所示。其工作原理是利用齿轮顺时针或逆时针旋转带动齿条左右移动,并通过转向传动机构横拉杆、转向节臂等带动转向轮偏转,以实现转向。

2)循环球式转向器

循环球式转向器由两套传动副组成,一套是螺杆、螺母传动副,另一套是齿条、齿扇传动副或滑块曲柄销传动副,如图12-4所示。其工作原理是:转向时,转向盘先通过转向轴带动转向螺杆旋转,通过摩擦使钢球滚动,将作用力传给带

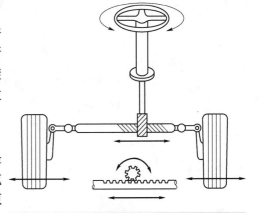

图12-3 齿轮齿条式转向器的工作原理

有齿形的螺母,齿形螺母即沿着螺杆轴线前后移动,然后通过齿形螺母上的齿条带动齿扇摆动,齿扇带动摇臂轴转动,最后由传动机构传至转向轮,使转向轮偏转实现转向。

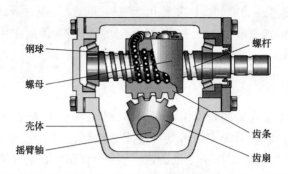

图 12-4　循环球式转向器的结构

> **引导问题 4**　转向操纵机构的组成及作用是什么？转向传动机构的结构组成及作用是什么？

1 转向操纵机构的组成及作用

如图 12-5 所示，转向操纵机构由转向盘、转向柱管、转向轴等组成。它的作用是将驾驶员转动转向盘的操纵力传给转向器。汽车在转向操纵机构通常具有一定的调节和安全性能，它的转向柱管安装在车身上，其上必须装备能够缓和冲击的吸能装置，转向轴从转向柱管中穿过，分为上下两段，用塑料销相连。转向轴的上转向轴通过螺母与转向盘相连，下转向轴通过万向节与转向器相连。为便于不同身高的驾驶员驾驶车辆，有些车辆转向柱上还设有转向柱倾斜度调整机构。

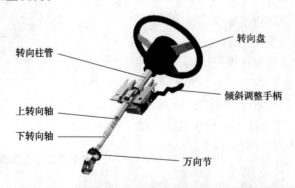

图 12-5　转向操纵机构

2 转向传动机构的组成及作用

图 12-6 所示是非独立悬架配用的转向传动机构，主要包括转向摇臂、转向直拉杆、转向横拉杆、转向节臂和左、右梯形臂等机件。转向传动机构的作用是将转向器输出的力和运动传递给左右两侧转向轮，使转向轮偏转实现转向。

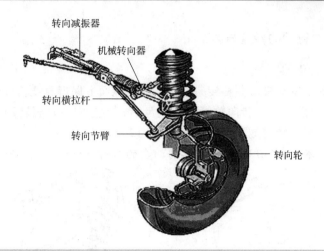

图 12-6 转向传动机构

二、实施作业

引导问题 5 作业前应该准备哪些工、量具和设备?

(1)工、量具:组合扳手、螺丝刀、钳子、扭力扳手、锤子、专用工具 VW771、拉具等。
(2)设备:桑塔纳 3000 轿车或其他轿车(根据本校现有设备实际情况)、台虎钳。
(3)维修手册、评分表等。

引导问题 6 如何进行作业前的准备工作?

(1)现场安全确认:车辆、举升机、工位。
(2)车辆防护:三件套、翼子板布、前格栅布、车轮挡块等。

引导问题 7 通过查询和查找,你能找到以下信息吗?

请完成车辆基本信息表,见表 12-1。

车辆基本信息表　　　　　　　　　　　　　表 12-1

项　目	具 体 信 息	项　目	具 体 信 息
车牌号码		发动机型号及排量	
行驶里程		车辆识别代码(VIN)	

引导问题 8 如何对转向沉重且不能回正的故障进行检修?

请查阅维修手册,根据以下步骤进行作业。

1 转向盘自由行程的检查与调整

1）转向盘自由行程的检查

进入驾驶室,关闭发动机。调整转向盘使车辆在地面上保持直线行驶的状态,将检查仪器的刻度盘和指针分别夹持在转向轴管和转向盘上,向左、向右轻轻转动转向盘,不能使车轮摆转,检查转向盘所能转过的角度或行程,如图12-7所示。

提示:车辆型号不同,新旧程度不同,其转向盘的自由行程大小也不同。

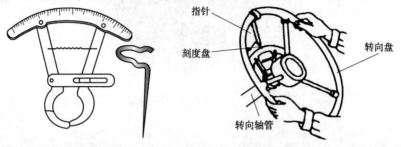

图12-7 转向盘自由行程的检查

2）转向盘自由行程的调整

如果转向盘自由行程超过规定值时,应检查转向横拉杆接头、转向节臂球头、转向器齿轮齿条是否磨损或损坏,零件安装或连接是否松动,若松动应紧固,调整转向器齿条压紧装置中的补偿垫片厚度,使齿条和齿轮实现无侧隙或小侧隙啮合,如有不良,应更换相应零件。

2 转向操纵机构的拆卸

桑塔纳3000转向系统操纵机构分解图,如图12-8所示。

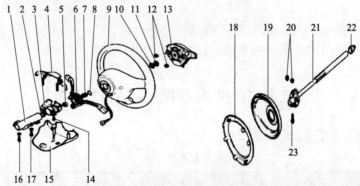

图12-8 转向操纵机构分解图

1-转向柱管;2-轴承;3-转向盘锁壳;4-上盖板;5-轴承内圈压圈;6-转向柱组合开关;7-弹簧;8-弹簧垫圈;9-转向盘;10-垫圈;11-螺母;12-弹簧;13-安全气囊总成;14-螺钉;15-下盖板;16-螺栓;17-断开螺栓;18-框架;19-密封罩;20-自锁螺母;21-转向柱;22-套筒;23-螺栓

1）拆卸转向盘

（1）将转向盘转到如图12-9所示方向,用螺丝刀从转向盘的后部按箭头所示方向用力,拆下安全气囊的凸耳。

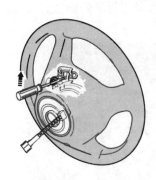

图12-9　拆下安全气囊的凸耳

（2）转向盘摆正处于直线行驶方向,断开安全气囊线束接头,拆下安全气囊,如图12-10所示。

（3）用螺丝刀旋出如图12-11中箭头所指的3个螺钉,拆掉转向盘底部护罩。

图12-10　安全气囊线束接头　　　　　图12-11　转向盘底部护罩

（4）用手断开如图12-12所示的安全气囊接头。

（5）松开转向盘紧固螺母,如图12-13所示,拆下转向盘。

图12-12　断开安全气囊接头　　　　　图12-13　转向盘紧固螺母

2）拆卸转向柱开关

（1）拔下转向开关线束的插头,如图12-14所示位置。

（2）用一字螺丝刀拆下转向柱开关上的3个固定螺钉，如图12-15所示位置。取下转向柱开关。

图12-14　开关线束插头

图12-15　转向柱开关三个固定螺钉

3）拆卸转向盘锁壳

（1）用专用工具拉出转向柱上的套筒，如图12-16箭头所示位置。

（2）用水泵钳子拉出箭头所指的转向柱套管上的弹簧垫圈，如图12-17所示。

图12-16　拆卸转向柱上套筒

图12-17　转向柱套管上弹簧垫圈

（3）拔下点火开关的线束接头，如图12-18箭头所示位置。

（4）用内六方扳手旋出转向盘锁壳左边的内六角螺栓A，如图12-19箭头所示位置，拆下转向盘锁壳。

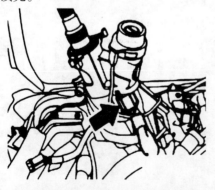
图12-18　点火开关线束接头

图12-19　转向盘锁壳内六角螺栓

4）拆卸转向柱套管、转向柱

（1）拆卸底部挡板的两个螺钉，如图12-20箭头所示位置，拆掉底部挡板。

（2）用内六方扳手旋出内六角螺栓B，如图12-21箭头所示位置。

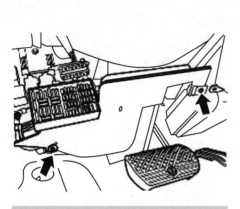

图12-20　底部挡板两个螺钉

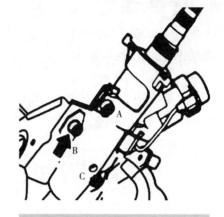

图12-21　左边内六角螺栓

（3）用 $\phi 8.5$ mm 的钻头钻出右边的螺栓C，如图12-22箭头所示位置，取下转向柱管。

（4）松开固定转向柱柔性万向节与转向器之间的连接螺栓，如图12-23箭头所示位置，拆卸转向柱。

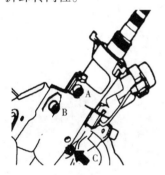

图12-22　右边的螺栓

图12-23　连接螺栓

3　转向操纵机构的装配

转向操纵机构的装配，按拆卸过程的相反顺序进行。

提示：安装转向盘时，车轮应处于直线行驶状态。转向柱套管的断开螺栓装配时，应将螺栓拧紧到螺栓头断开为止，然后拧紧圆柱螺栓。各螺栓、螺母应按规定力矩拧紧。

4　转向操纵机构的检修

1）转向柱

用百分表测量，转向柱的直线度误差应不大于1.00mm，否则应予以校正。

2）其他

检查轴承内圈压圈、弹簧、转向柱驱动销、橡皮衬套、塑料衬套及所有密封套橡胶支承环等，若有老化、破裂、磨损严重等，一律换用新件。

5 转向器的拆卸

1)桑塔纳 3000 转向器结构

结构组成如图 12-24 所示。

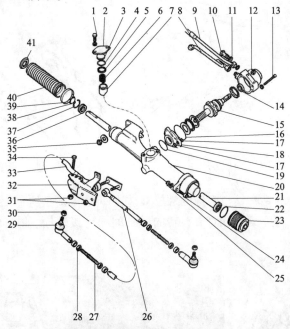

图 12-24 桑塔纳3000转向器结构

1、10、13、24、34-螺栓;2-压盖;3-密封压座;4、16、17、19、22-圆绳环;5-补偿垫片;6-压簧;7-压块;8-油管;9-回油管;11、14-密封圈;12-阀体罩壳;15-主动齿轮;18-中间盖;20-转向器外壳;21-齿条;23、36-密封罩;25、28、30、31、35-螺母;26、33-左、右横拉杆;27-双头螺杆;29-横拉杆球接头;32-支架;37-挡圈;38-齿形环;39-夹箍;40-防尘罩;41-固定环

2)转向器的拆卸

(1)旋下转向器齿条与支架的两个固定螺栓,如图 12-25 箭头所示位置。

(2)用软管夹紧器(3094)夹住进油管和出油管,如图 12-26 所示,将废油盘放在汽车下面。

图 12-25 齿条与支架的连接螺栓　　图 12-26 夹住进油管和出油管

(3) 从转向器上拆掉回油软管及压力软管的空心螺栓, 如图 12-27 所示。
(4) 旋下转向器壳与串线板上的两个固定螺母, 如图 12-28 箭头所示位置, 拆下车轮。

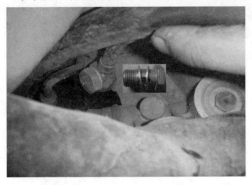

图 12-27 空心螺栓

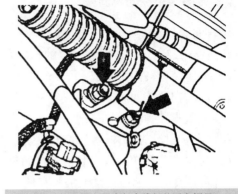

图 12-28 转向器壳与串线板的固定螺母

(5) 旋下转向器壳与车身上的两个固定螺母, 如图 12-29 中手指所指位置, 从右轮罩侧取出转向器(需要两人配合)。

6 转向器的解体

(1) 拆下与阀体罩壳连接的进油管螺母, 回油管连接管接头螺栓, 拆下进、回油管。
(2) 拆下阀体罩壳的拧紧螺栓, 拆下阀体罩壳。
(3) 松开压盖固定螺栓, 拆下齿条压紧装置。
(4) 抽出转向机构主动齿轮, 取下主动齿轮轴上的各种密封圈。
(5) 用专用工具卸下齿条壳右端密封罩。
(6) 拆下齿条左端固定环、防尘套和夹箍。
(7) 最后抽出齿条。

图 12-29 转向器壳与车身的固定螺母

7 转向器的检修

1) 整体检修
(1) 用手转动转向齿轮, 应运动灵活, 无卡滞现象。
(2) 目测检查转向器外壳应无裂纹和磨损。
(3) 上述检查若无法修复应更换转向器总成。
(4) 齿条密封罩和防尘套若有老化、破损应更换。

2) 解体检修
(1) 检查转向齿条、齿轮有无磨损、锈蚀、变形、剥落或损伤等。
(2) 检查转向齿轮轴承转动是否灵活, 有无锈蚀、斑点、磨损、损坏等。
(3) 检查补偿机构弹簧是否失效。
(4) 上述检查无法修复, 则应更换新件。

提示: 自锁螺栓、螺母一经拆卸, 必须更换新件。修复中, 不可对转向机构进行焊接或矫正。要求在修理转向机构前检查叶轮泵输送压力和系统压力。

8 转向器的装配与调整

1）转向器的装配

转向器的装配过程按拆卸过程的相反顺序进行。

(1) 先组装好转向器总成。

(2) 将转向器装回原来的位置。

(3) 旋上自锁螺母,但不拧紧。

(4) 所有螺栓、螺母按规定力矩拧紧。

(5) 防尘套可在转向器安装后进行调整。调整时,应在齿条上涂相应型号的转向器润滑脂,并将防尘套的一端用夹紧箍夹紧在环槽中。

(6) 防尘套挡圈应推到齿条限位处。

2）转向器的调整

转向器啮合间隙的调整方法是:

(1) 先将转向盘摆正,处于直线行驶状态。

(2) 调整齿条压紧装置中补偿垫片的厚度,使齿条和齿轮实现无侧隙或小侧隙啮合,且转向盘转动灵活。

(3) 调整合适后,固定调整机构的锁紧螺母。

注意:螺栓上的螺纹部位和螺栓结合面处应无油液或油脂。安装时,应更换所有锁止螺母和螺栓。组装正确的转向器用手可直接转动转向齿轮。

9 转向传动机构的拆卸

桑塔纳3000转向传动机构的分解图如图12-30所示。

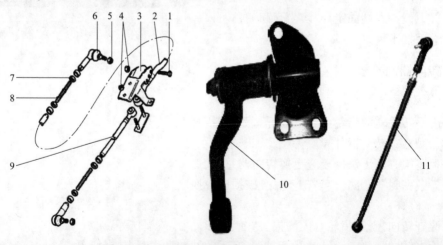

图12-30　桑塔纳3000转向传动机构的分解图
1-螺栓;2,9-右、左转向横拉杆;3-支架;4,5-自锁螺母;6-横拉杆球接头;7-锁紧螺母;8-双头螺杆;10-转向节臂;11-横拉杆

转向传动机构的拆卸步骤如下:
(1)旋下转向器齿条与支架的两个连接螺栓(图12-31),旋下左、右横拉杆球接头自锁螺母。
(2)压出左、右横拉杆球接头,从右侧取出左、右横拉杆,如图12-32所示。

图12-31 拆齿条与支架的连接螺栓

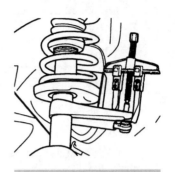

图12-32 拆卸横拉杆球接头

10 转向传动机构的检修

(1)用磁力探伤法对转向横拉杆和球头销进行检查,如有裂纹,应予更换。
(2)检查横拉杆上的紧固螺母、开口销、盖等是否损坏、松动,若松动,应予紧固。
(3)使转向盘从中间位置向左、向右反复转动60°左右,检查横拉杆、转向节臂等是否松旷,若松旷,应予紧固。
(4)检查横拉杆连接螺纹是否损坏,若损坏,应予更换。
(5)转向节臂有裂纹或变形,则应更换新件。
(6)横拉杆支架出现裂纹或变形时,则应更换新件。
提示:上海桑塔纳轿车转向节臂焊接在前桥悬架柱上,焊接部位不能修理。

11 转向传动机构的装配与调整

1)转向传动机构的装配
转向传动机构的装配顺序与拆卸的顺序相反。
注意:在球头销及球碗配合面涂抹润滑脂。安装时,应更换所有的锁止螺母和螺栓。螺栓上的螺纹部位和螺栓结合面处应无油或油脂。

2)转向传动机构的调整
转向传动机构装复后,用一字螺丝刀调整球头销预紧度:将调整螺钉拧到底,再退回1/4~1/2圈,使螺钉上的槽与开口销孔对正。调好后,用手扳动检查,应转动灵活,不发卡,无松旷,最后锁紧开口销。

三 评价与反馈

对本学习任务进行评价,如表12-2所示。

评 价 表   表12-2

评价项目	评分标准	分数	学生自评	小组互评	教师评价	小计
团队合作情况	是否和谐	5				
活动参与情况	是否主动	5				
安全生产情况	有无安全隐患	10				
现场6S执行情况	是否做到	10				
任务方案设计	是否合理	10				
操作过程情况	(1)举升机操作; (2)转向盘自由行程的检查与调整; (3)转向操纵机构和转向传动机构的拆装与检修; (4)齿轮齿条转向器的拆装与调整	30				
任务完成情况	是否圆满完成	5				
工、量具和设备的使用	是否标准、规范	10				
劳动纪律	是否严格遵守	5				
项目工单的填写	是否完整、规范	10				
	总分	100				
教师签名:					得分:	

四 学习拓展

(1)循环球式转向器有何结构特点?

(2)查阅资料了解四轮转向系统有什么优点。

项目五 转向系统的检修

学习任务十三　转向沉重且有异响的检修

◎ 知识目标
(1)能够叙述转向动力装置各主要部件的作用、结构和原理。
(2)能够叙述转向动力装置的工作过程。
◎ 技能目标
(1)能规范对地转向动力装置各部件进行拆装与检查。
(2)能规范对地转向动力装置的油压进行测试和密封性检查。
(3)能规范正确地使用工、量具和设备。
◎ 素养目标
(1)具备团队合作精神和6S理念。
(2)提高安全、环境保护和节约意识。
(3)养成服从管理、规范作业的工作习惯。
(4)树立客户至上的服务意识。

　建议完成本学习任务的时间为10课时。

　学习任务描述

车主反映：自己的桑塔纳3000轿车，转向沉重且有异响。需要你对汽车转向动力装置转向油泵、动力转向器进行检查。

　学习内容

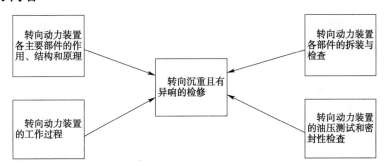

　注意事项

(1)注意人身、设备安全，认真执行6S管理。

149

（2）严格遵守拆装规程。
（3）注意清洁零件，严格按顺序摆放，以免造成装配错误。

一 资料收集

引导问题1 汽车转向动力装置由哪些部件组成？各部件的具体结构是怎样的？

1 汽车转向动力装置的组成

为了满足驾驶员在操作汽车转向时既轻便又灵敏的要求，许多汽车在转向机械装置的基础上加用了转向动力装置，构成动力转向系统，如图13-1所示。

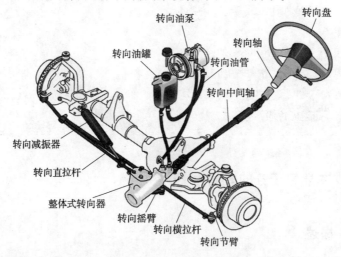

图13-1 动力转向系统的组成

2 汽车转向动力装置部件的结构

汽车动力转向系统主要由转向油罐、转向油泵、整体式转向器（包括转向动力缸、转向控制阀和机械转向器）等组成。

1）转向油罐

转向油罐的作用是储存、滤清并冷却液压转向加力装置的工作油液，其结构如图13-2所示。转向油罐上通常标有最低油位线（MIN）和最高油位线（MAX）。进入油罐的油液都经过滤芯的过滤。

2）转向油泵

转向油泵是动力转向系统的动力源，它的作用是通过皮带传动将发动机的部分机械能转变为动力缸工作的液压能，进而辅助驾驶员实现汽车转向，转向油泵常为叶片泵，由壳体、定子、转子、叶片等组成，其上通常装有安全阀及调节流量大小的溢流阀，如图13-3所示。

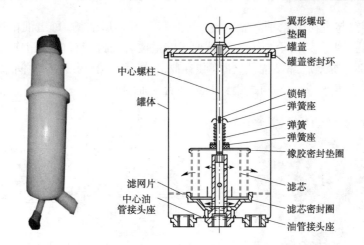

图13-2 转向油罐结构

转向油泵为变容积泵,转子与定子中心不重合,转子带动叶片旋转,叶片在离心力的作用下向外甩出,使进油腔容积增大,形成真空吸油,出油腔容积减小,压油,向外泵油。

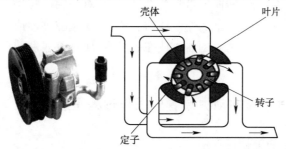

图13-3 叶片式转向油泵

3)转向动力缸

转向动力缸的作用是将液压能通过活塞转变为推动转向轮运动的机械能。壳体内装一活塞推杆,缸的内腔被活塞分成左右两个压力腔,成为左、右转向工作缸。通常,它和机械式转向器制成一体,如图13-4所示。

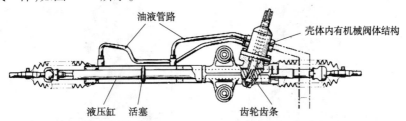

图13-4 转向动力缸

4)转向控制阀

转向控制阀的作用是改变油路中油液的流量、流速和流向。它装于转向器主动齿轮轴靠上的位置,常为转阀式结构,如图13-5所示。它主要由阀体、阀芯和扭杆等零件组成。

阀体通过销钉与主动齿轮轴装在一起，其上有 3 道环形油槽，每道油槽底部都钻有油孔；阀芯是中空的，阀芯装在阀体内，它一端通过花键或者销钉与转向轴相连，其上制有多条不贯通的纵槽，部分纵槽底部钻油孔；扭杆装在阀芯内，是一根两端粗；中间细的细长杆，一端通过销钉与阀芯相连，另一端通过销钉与主动齿轮轴相连。

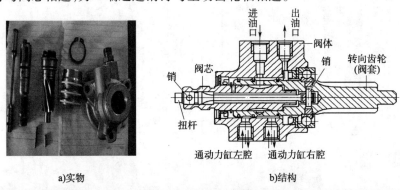

图 13-5　转阀式转向控制阀

汽车转向时，通过转向盘、转向轴带动扭杆、转阀相对于阀体转过一定的角度，进而使阀体上与油泵相通的进油口与动力缸的左腔或右腔相通，使左腔进油或右腔进油，同时阀体上与转向油罐相通的出油口与动力腔的右腔或左腔相通，使右腔或左腔回油，进而实现向右或向左的不同转向目的。

引导问题2　汽车转向动力装置的工作过程是怎样的？

汽车转向动力装置的工作过程：

汽车左转向时，发动机运转时通过皮带带动转向油泵工作，将储油罐内的低压油液抽出加压后，经高压油管、转向控制阀的进油口进入动力缸的右腔，向左推动活塞，使动力缸左腔内的低压油液在活塞的推动下，经过转向控制阀的出油口、低压油管流回储油罐，活塞左移带动转向横拉杆向左运动，使转向轮向左偏转，如图 13-6a)所示。汽车右转向与左转向时情况相反，如图 13-6b)所示。

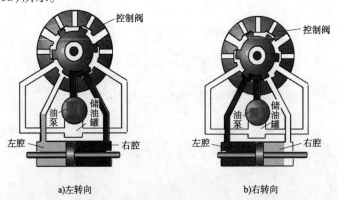

图 13-6　转向动力装置的动作过程

二 实施作业

引导问题3 作业前应该准备哪些工、量具和设备？

(1) 工、量具：常用工、量具若干套，油压表若干块。
(2) 设备：桑塔纳3000轿车或其他轿车（根据本校现有设备实际情况）集油盘若干个、塑料铆头若干个。
(3) 维修手册、评分表等。

引导问题4 如何进行作业前的准备工作？

(1) 现场安全确认：车辆、举升机、工位。
(2) 车辆防护：三件套、翼子板布、车轮挡块、前格栅布等。

引导问题5 通过查询和查找，你能找到以下信息吗？

请完成车辆基本信息表，见表13-1。

车辆基本信息表　　　　　　　　　　　　　　　表13-1

项　目	具体信息	项　目	具体信息
车牌号码		发动机型号及排量	
行驶里程		车辆识别代码(VIN)	

引导问题6 如何对汽车转向沉重且有异响的故障进行检修？

请查阅维修手册，根据以下步骤进行作业。

1 汽车转向动力装置的拆装和检修

1) 转向油泵的拆卸
(1) 升起车辆，将集油盘放在汽车下面。
(2) 按手指所指方向转动张紧轮，拆下转向油泵上传动皮带，如图13-7所示。
(3) 拆卸油泵上进、回油软管的放油螺塞，如图13-8所示，排放动力转向油。
(4) 拆卸叶片泵皮带盘的固定螺栓，如图13-9所示手指位置。
(5) 拆卸叶片泵的固定螺栓，取出叶片泵，如图13-10所示手指位置。
(6) 将叶片泵固定在台虎钳上进行分解。
① 在前后壳体接合面处做上装配记号，分解壳体。
② 用软锤轻轻敲击，依次取出定子、转子、叶片和转子轴。

图13-7 拆卸转向油泵皮带

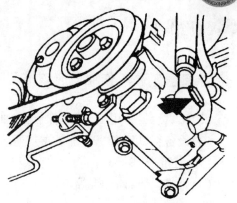

图13-8 拆卸放油螺塞

图13-9 拆卸叶片泵皮带盘

图13-10 拆卸叶片泵

③用专用工具拆下卡环和油封。

④拧下出油管接头,取出溢油阀和回位弹簧(注意有无装配记号)。

提示:油泵拆卸之前一定先放油;油泵壳体分解前一定要做好装配标记;拆定子、转子时不要使叶片脱开转子。

2)转向油泵的检修

(1)壳体应无裂纹。

(2)定子的内表面、两个配油盘的内表面、叶片和转子上的滑槽表面应无划痕、磨损和烧灼。

(3)转子轴、轴承发卡或磨损松旷应更换。

(4)溢流阀及弹簧磨损或损坏后应更换。

(5)油封损坏、带轮有缺陷而失去平衡均应更换。

3)转向油泵的装配

转向油泵的装配与拆卸顺序相反。

注意:要更换所有的密封和橡胶类密封圈;零件的装配记号应对正,要求密封严格的结合面,在衬垫上涂抹密封胶。

4)转向油罐的拆装和检修

松开储油罐的安装支架螺栓和储油罐进油、回油软管夹箍,从车上拆下储油罐,如图13-11所示。

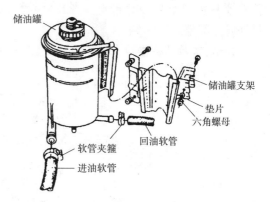

图13-11 拆卸转向储油罐

转向油罐的安装顺序与拆卸顺序相反。若转向储油罐漏油、损坏,应整体更换。

5)动力转向器的拆卸

从车上拆卸动力转向器的过程与机械式转向器拆卸过程相同,动力转向器的分解图如图13-12所示。

(1)拆下转向器上的进、出油管。
(2)拆下阀体外壳。
(3)拆下齿条压紧装置。
(4)拆下转向机构的主动齿轮。
(5)用专用工具拆下齿条壳右端的密封罩。
(6)拆下齿条左端的防尘套和夹箍,抽出齿条。

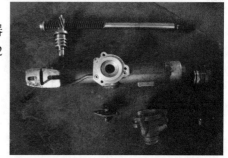

图13-12 动力转向器的分解图

6)动力转向器的检修

(1)检查转向器壳体是否漏油。若漏油,应更换油封。螺栓松动应拧紧。
(2)检查轴承是否松旷,若松旷,应调整或更换。
(3)主动齿轮轴是否磨损,油封是否老化,若有则更换新的。
(4)检查转向控制阀上的密封环是否有过量磨损、断裂,否则应更换。

7)动力转向器的装配

动力转向器的装配与拆卸顺序相反。装配完后应进行调整,调整方法和机械式转向器相同。

提示:安装齿条时不允许碰伤外表面,用专用工具或塑料铆头更换油封;控制阀中的密封环不能折断;油封、密封环安装时应涂抹转向油。

2 汽车转向动力装置的密封性检查

当动力转向系漏油、技术性能变差或修复后,应进行系统密封性检查如图13-13所示。

(1)使发动机怠速运转,将转向盘快速朝左、右两侧转至极限位置数次。

(2)目测图13-13所示的"油滴"位置有无泄漏,检查转向控制阀、齿条密封(松开波纹管软管夹箍,再将波纹管推至一旁)、叶轮泵、油管接头是否有漏油现象,如有渗漏应更换密封件或零部件。

提示:密封性检查应在热车时进行,且将转向盘转到左右两个极限位置。

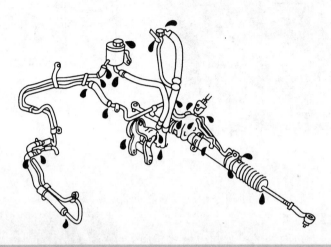

图13-13 动力转向系漏油部位

3 汽车动力转向系统油压检查

(1)将油压表串联在动力转向器的进油管路中,如图13-14所示。

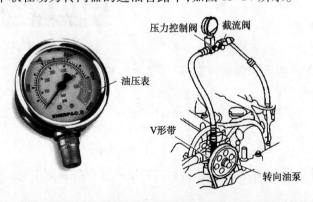

图13-14 油压的检查

(2)如需要,则添加转向油液到规定油位。

(3)向右转动转向盘到极限位置。

(4)起动发动机,使其转速在1500~1600r/min之间。

(5)关闭截流阀,此时油压表读数应符合规定(一般不低于7MPa)。

提示:截流阀关闭时间不宜超过10s,以免对转向油泵造成不良影响。

三 评价与反馈

对本学习任务进行评价,如表 13-2 所示。

评 价 表　　　　　　　　　　　　表 13-2

评价项目	评分标准	分数	学生自评	小组互评	教师评价	小计
团队合作情况	是否和谐	5				
活动参与情况	是否主动	5				
安全生产情况	有无安全隐患	10				
现场 6S 执行情况	是否做到	10				
任务方案设计	是否合理	10				
操作过程情况	(1)举升机操作; (2)转向动力装置各部件的拆装与检查; (3)转向动力装置的油压测试和密封性检查	30				
任务完成情况	是否圆满完成	5				
工、量具和设备的使用	是否标准、规范	10				
劳动纪律	是否严格遵守	5				
项目工单的填写	是否完整、规范	10				
总分		100				
教师签名:					得分:	

四 学习拓展

(1)查阅丰田公司"马克Ⅱ"车型资料,了解电控液力转向的结构及工作原理。

(2)查阅资料,了解动力转向器中控制阀的结构及工作原理。

学习任务十四 动力转向油的检查与更换

学习目标

◎ 知识目标
(1)能够叙述动力式转向系统的作用和特点。
(2)能够叙述动力转向油的性能和选用方法。
(3)能够叙述动力转向油检查、添加和更换的必要性。

◎ 技能目标
(1)能规范地对动力转向油进行检查与更换。
(2)能规范地对动力转向系统进行空气排放。
(3)能规范正确地使用工、量具和设备。

◎ 素养目标
(1)具备团队合作精神和6S理念。
(2)提高安全、环境保护和节约意识。
(3)养成服从管理、规范作业的工作习惯。
(4)树立客户至上的服务意识。

  建议完成本学习任务的时间为6课时。

 学习任务描述

车主反映：自己的桑塔纳3000轿车，车辆转向沉重，从外表观察发现动力转向油有向外渗漏现象。需要你检查与更换动力转向油。

 学习内容

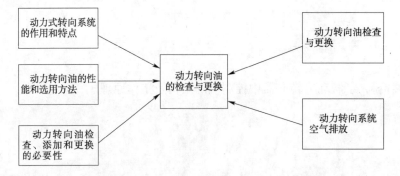

 注意事项

(1)注意人身、设备安全，认真执行6S管理。

（2）严格遵守拆装规程。

（3）注意清洁零件，严格按顺序摆放，以免造成装配错误。

一 资料收集

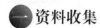
动力式转向系统的作用和特点是什么？它的工作原理是怎样的？

1 动力式转向系统的作用和特点

动力式转向系统的作用是：将发动机输出的部分机械能转化为液压能，协助驾驶员转向操纵，使转向操纵既轻便又灵敏，它结构紧凑，零部件尺寸小，质量轻且易于调整，因而目前在重型汽车和高速轿车上得到广泛应用。

动力式转向系统是在传统机械式转向系统的基础上，增加了一套液压助力装置。因此，当动力转向系统失效之后，机械式转向系统仍可转向，只是操纵较为费力。

2 动力式转向系统的组成及工作原理

动力式转向系统除机机械装置之外，主要包括转向助力油（液压油）、储油罐、转向油泵（助力油泵）、转向控制阀、转向动力缸等，如图14-1所示。

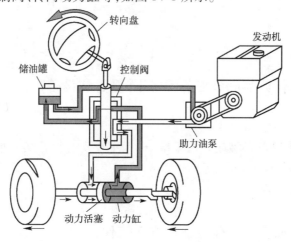

图14-1 动力转向系统组成及工作原理示意图

当驾驶人向左转动转向盘时，转向盘通过转向轴带动转向控制阀转动或滑动，使转向控制阀与阀体的位置发生相应改变，从而使转向控制阀上与动力油泵相连的高压油管与动力缸的左腔室相通，而转向控制阀上与储油罐相连的低压油管则与动力缸的右腔室相通，动力缸的左腔室进油，右腔室回油，动力缸中的活塞在左、右腔室压差的作用下，开始右移，从而辅助驾驶人推动齿条或转向摇臂轴的运动，通过转向横拉杆等传动机件带动车轮向左偏转，实现左转向。右转向与左转向的工作原理一样，只是动作方向相反。

从上述原理中可以看出，动力式转向系统中起关键作用的是传力介质——动力转向油（液压油）。

引导问题2 动力转向油的性能如何？为什么必须定期检查动力转向油？

1 动力转向油的性能和选用

动力转向油是加注在汽车转向器里面的一种特种油液，和自动变速器油是同一种油，统称为液力变矩油，是液压油的一种。助力转向油应具有良好的黏温特性、耐磨性、抗氧化性、润滑性等，一般的油品颜色是红色的（奥迪大众使用的是白色的），有毒，易燃。

为确保行车安全，动力式转向系统中所使用的油液牌号，应符合原厂要求，无杂质和沉淀物。同时还应注意不能将两种不同牌号的油液混用使用。

2 动力转向油检查和更换的必要性

动力转向油在动力式转向系统中不仅可起到传力和缓冲振动的作用，同时也是系统的润滑剂。因此，在日常维护和修理中，必须定期检查转向油的质量、液面的高低，必要时添加或更换。动力转向油液是在高温、高压下工作的，容易变质，所以即使油液看起来比较干净，也要定期更换。同时在更换或维修过程中可能使系统混入空气，引起转向沉重、噪声大等故障，降低转向效果，必须将系统中空气排出。

二 实施作业

引导问题3 作业前应该准备哪些工、量具和设备？

（1）工、量具：常用工具等。

（2）设备：桑塔纳3000车型或其他车型（根据本校现有设备实际情况）、废油容器若干个、排油延长管若干根、抽油机若干台。

（3）维修手册、评分表等。

引导问题4 如何进行作业前的准备工作？

（1）现场安全确认：车辆、举升机、工位。

（2）车辆防护：三件套、翼子板布、前格栅布、车轮挡块、干净抹布等。

引导问题5 通过查询和查找，你能找到以下信息吗？

请完成车辆基本信息表，见表14-1。

车辆基本信息表   表14-1

项　　目	具 体 信 息	项　　目	具 体 信 息
车牌号码		发动机型号及排量	
行驶里程		车辆识别代码(VIN)	

引导问题6　如何对汽车动力转向油进行检查与更换?

请查阅维修手册,根据以下步骤进行作业。

1　动力转向油的检查与更换

1)助力转向油的检查

(1)冷态检查。

①转动转向盘,使前轮处于直线行驶位置。

②从蓄电池固定架上拆下回液管和油壶管夹,如图14-2箭头所示。

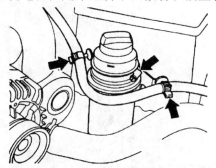

图14-2　拆卸回液管和油壶管夹

③旋下油壶盖,用干净的抹布擦拭油尺。

④再将油壶盖重新拧紧并拆下。

⑤观察并记录油尺上的油位高度如图14-3所示。

提示:冷态油位应位于油位下限(MIN)标志附近;热态油位应位于油位下限(MIN)和油位上限(MAX)标志之间。

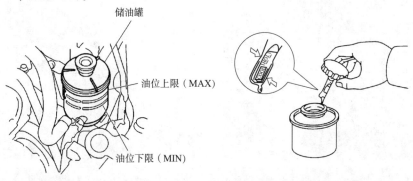

图14-3　转向油罐油位的检查

（2）热态检查。

①起动发动机，使发动机怠速运转。

②在左、右转向极限位置内，来回不停转动转向盘 10 次，约 2~3min。

③使油温升高到约 50℃ 以上，关闭发动机，拆下油壶盖。

④仔细观察并记录油尺上的油位高度。

提示：冷态指发动机不运转，转向油温等同于外界环境温度；热态指发动机运转，转向油油温约 50℃ 以上。

经上述方法检查，如果液位过高，则必须用抽油机或注射器将油抽出；若液位过低则应查明原因并排除故障之后，补给原厂规定牌号的助力油；若需拆检转向系统或助力油使用超过年限导致变质，则应加以更换。

2）动力转向油的更换

（1）用抽油机抽空储油罐。

（2）断开助力转向油储油罐的回油管，助力转向油储油罐，一般接有出、回两根油管，较细的油管是回油管，如图 14-4 所示。

a)储油罐

b)油管位置

图 14-4　拆卸储油罐的回油管接头

（3）在回油管接头上接上排油延长管，并将排油延长管放入废油容器内，如图 14-5 所示。

（4）堵住储油罐的回油管接口，起动发动机并怠速运转，如图 14-6 所示。

图 14-5　收集废油

图 14-6　排放旧油

（5）同时将转向盘向左、向右反复转动到极限位置，直到旧助力油排尽1~2s后。

（6）关闭点火开关接好回油管，将新助力油加到规定液面为止，拧紧油壶盖，如图14-7所示。

提示：两种牌号不同的动力转向油不能混用。

动力转向系统在添加、更换液压油之后，或检查储油罐中油位时，发现油中有气泡或乳化现象，表明系统内有空气渗入，必须排放。

图14-7 拧紧油壶盖

2 动力转向系统空气排放

空气排放步骤：

（1）如前所述，旋下油壶盖，检查液压油油位，必要时添加。

（2）举升汽车，使前轮离地。

（3）从一极限位置到另一极限位置，转动转向盘共10次，在此过程中油壶内有气泡冒出。

（4）检查液压油油位，必要时添加。

（5）放下汽车，起动发动机使发动机怠速运转。

（6）同时再来回转动转向盘，从一极限位置到另一极限位置共10次。

（7）然后将转向盘置于中间位置，检查液压油油位，必要时添加。

（8）关闭发动机，仔细观察储油罐中应无气泡冒出并消除乳化现象，同时液面不超过上限，停机5min后，液面升高约5mm，否则，应重复上述步骤（2）~（7）。

注意：转向系统中可能遗留的残余空气会在汽车行驶10~20km之后自动溢出。

三 评价与反馈

对本学习任务进行评价，如表14-2所示。

评 价 表　　　　　　　　　表14-2

评价项目	评分标准	分数	学生自评	小组互评	教师评价	小计
团队合作情况	是否和谐	5				
活动参与情况	是否主动	5				
安全生产情况	有无安全隐患	10				
现场6S执行情况	是否做到	10				
任务方案设计	是否合理	10				

续上表

评价项目	评分标准	分数	学生自评	小组互评	教师评价	小计
操作过程情况	(1)举升机操作； (2)动力转向油的检查与更换； (3)动力转向系统空气的排放	30				
任务完成情况	是否圆满完成	5				
工、量具和设备的使用	是否标准、规范	10				
劳动纪律	是否严格遵守	5				
项目工单的填写	是否完整、规范	10				
总分		100				
教师签名：					得分：	

四 学习拓展

(1)查阅资料，了解动力转向泵皮带的维护。

(2)查阅资料，了解电子液压动力转向系统(EHPS)。

项目六 制动系统的检修

项目描述

制动系统是汽车的重要组成部分。制动系统工作不良或失效,将导致制动不灵、制动失效、制动跑偏及制动拖滞等故障。学生通过完成本项目的七个学习任务,掌握制动系统的作用、组成和工作原理;制动踏板检查与调整的必要性;制动传动装置的分类;液压制动传动装置组成和工作原理;制动主缸的结构及工作原理;真空助力器的结构及工作原理;驻车制动系的作用及分类;鼓式制动器的类型及工作原理;盘式制动器的组成及工作原理等知识,能规范使用工、量具和设备对制动系统进行拆装、检查与调整。

学习任务十五 制动踏板位置的检查与调整

学习目标

◎ 知识目标
(1)能够叙述制动系统的作用、组成和工作原理。
(2)能够叙述制动踏板位置检查与调整的必要性。

◎ 技能目标
(1)能规范地对制动踏板高度进行检查和调整。
(2)能规范地对制动踏板自由行程进行检查和调整。
(3)能规范正确地使用工、量具和设备。

◎ 素养目标
(1)具备团队合作精神和6S理念。
(2)提高安全、环境保护和节约意识。
(3)养成服从管理、规范作业的工作习惯。
(4)树立客户至上的服务意识。

建议完成本学习任务的时间为 **6** 课时。

 学习任务描述

车主反映：自己的丰田卡罗拉 ZRE151 轿车，制动踏板自由行程过大。需要你对制动踏板进行检查与调整。

 学习内容

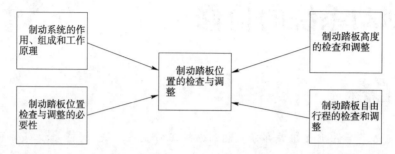

 注意事项

(1) 注意人身、设备安全，认真执行 6S 管理。
(2) 严格遵守拆装规程。
(3) 注意清洁零件，严格按顺序摆放，以免造成装配错误。

一 资料收集

引导问题 1 汽车制动系统的作用是什么？它由哪些部件组成？

1 汽车制动系统的作用

汽车制动系统的作用是：按照需要使汽车减速或在最短距离内停车；下坡行驶时保持车速稳定；使停驶的汽车可靠驻停。

2 汽车制动系统的组成

汽车制动系统包括行车制动和驻车制动两大部分，如图 15-1 所示。行车制动用于使行驶中的车辆减速或停车，通常由驾驶员用脚操纵，一般包含制动踏板、制动主缸、制动轮缸、制动管路、车轮制动器等。驻车制动用于使停驶的车辆驻留原地，通常由驾驶员用手操纵，一般包含制动手柄、拉索或拉杆、制动器。另外，较为完善的制动系还包括制动力调节装置以及报警装置、压力保护装置等。例如，现代汽车已经普遍采用的制动防抱死系统（即 ABS

系统)就是一个典型的制动力调节装置,同时,在当今一些中、高档轿车上还增加了制动力分配系统(EBD)及电子稳定系统(ESP)等。

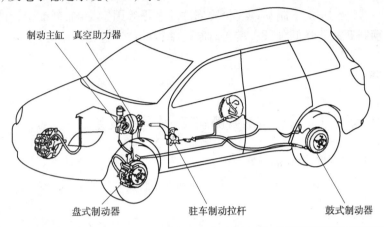

图15-1　制动系统的基本组成及安装位置

引导问题2 制动系统的工作原理是怎样的?为什么要对制动踏板进行检查与调整?

1 制动系统的工作原理

图15-2所示为行车制动系统工作原理示意图。其工作原理是将汽车的动能通过摩擦转换成热能,并释放到大气中。制动时,踩下制动踏板,制动主缸向各制动轮缸供油,活塞在油压的作用下把摩擦材料压在制动盘上,实现汽车制动。

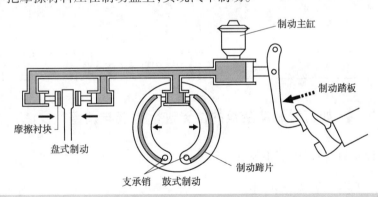

图15-2　制动系统工作原理示意图

2 制动踏板检查与调整的必要性

制动踏板是车辆制动系统的组成部件,它受驾驶员踏板力的控制。驾驶员通过制动踏板将踏板力转换成液压或气压,使制动系统产生使车辆减速或停止的制动力。制动力的大小主要取决于踏板力,而踏板力的大小又与踏板位置有直接关系。

如果踏板位置不当,制动系统就不能够产生理想的制动效果,就会使车辆操控性能、安全性能下降,安全驾驶难以保证。

在车辆使用过程中,由于制动系统相关部件的磨损等因素影响,制动踏板的位置将发生变化,会使车辆制动效能降低,所以,需要对制动踏板的位置进行调整。

二 实施作业

引导问题 3 作业前应该准备哪些工、量具和设备?

(1)工、量具:钢直尺(300mm)等。
(2)设备:丰田卡罗拉 ZRE151 轿车或其他轿车(根据本校现有设备情况)。
(3)维修手册、评分表。

引导问题 4 如何进行作业前的准备工作?

(1)现场安全确认:车辆、举升机、工位。
(2)车辆防护:三件套、翼子板布、前格栅布、车轮挡块等。

引导问题 5 通过查询和查找,你能找到以下信息吗?

请完成车辆基本信息表,见表 15-1。

车辆基本信息表　　　　　　　　　　　　　　　　　表 15-1

项　目	具体信息	项　目	具体信息
车牌号码		发动机型号及排量	
行驶里程		车辆识别代码(VIN)	

引导问题 6 如何对制动踏板的位置进行检查与调整?

请查阅维修手册,根据以下步骤进行作业。

1 制动踏板高度的检查和调整

(1)进入驾驶室,关闭发动机。多次踩下制动踏板直至制动助力器内无真空。松开制动踏板,释放制动助力器中残余真空。

注意:丰田卡罗拉 ZRE151 轿车的液压制动系统设有制动助力器,为了更精确地测量制动踏板位置,应先释放制动助力器中的残余真空。

(2)取出制动踏板下方的地板垫。

注意:取出地板垫以便更精确地测量制动踏板高度。

(3) 制动踏板高度的检查。将直板尺垂直于地板面,端头与地板面接触,观察踏板上平面所对应直尺上数值,该数值即为踏板高度,如图15-3所示。

注意:丰田卡罗拉ZRE151轿车制动踏板高度应为145.8~155.8mm,如果测量高度不在规定范围内,应该检查制动踏板复位弹簧的弹力是否正常以及踏板是否出现变形等损伤,必要时更换新件。

(4) 制动踏板高度的调整。

①断开制动灯开关连接器。

②拆下制动灯开关总成,如图15-4所示。

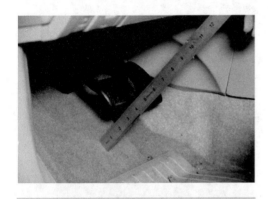
图15-3 制动踏板高度的检查

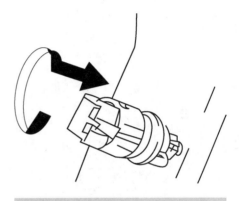
图15-4 逆时针转动制动灯开关总成

③松开推杆U形夹锁紧螺母。

④转动推杆以调整制动踏板高度。

⑤拧紧推杆U形夹锁紧螺母。

⑥将制动灯开关插入调节器固定架,直到开关壳体接触到制动踏板。

注意:不要踩下制动踏板。

⑦调整制动灯开关。

⑧连接制动灯开关连接器。

2 制动踏板自由行程的检查

使用钢直尺测量制动踏板的自由行程。测量时,将钢直尺保持与地板面垂直,端头接触地板面,踏板处于自然状态,确认此时的踏板高度值;然后用手稍微用力下压踏板,当感觉到阻力增大时,停止下压,观察踏板上平面所对应钢直尺上的数值。计算得出这两个数值的差值,即为制动踏板的自由行程,如图15-5所示。

注意:当用手指轻轻按压制动踏板时,制动踏板的运动在两个阶段发生变化。

3 制动踏板行程余量的检查

将发动机运转和驻车制动器松开,钢直尺垂直地板面,端头与地板面接触,然后使用290N的力踩下制动踏板。观察踏板上平面所对应钢直尺上的数值,此值即为制动踏板行程余量,如图15-6所示。

注意：如果制动踏板行程余量过小应该检查制动系统是否泄漏，储油罐中液面是否正常，制动蹄是否磨损过度，制动系统内是否存在空气。

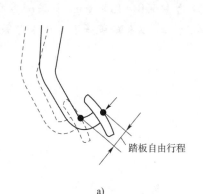
a)

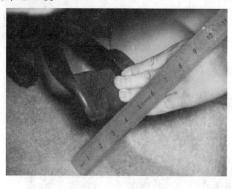
b)

图15-5 制动踏板自由行程的检查

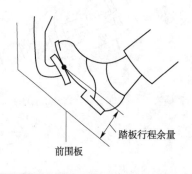

图15-6 制动踏板行程余量的检查

如果制动系统泄漏可重点检查：

（1）制动主缸、储油罐，如图15-7所示。主要检查主缸前端、油管接口是否漏油，储油罐有无裂纹等。

（2）制动管路，如图15-8所示。

图15-7 制动主缸、储油罐的检查

图15-8 制动管路的检查

（3）制动轮缸油管接头处和前后轮制动轮缸，如图15-9所示。

图15-9　制动轮缸及油管接头的检查

三、评价与反馈

对本学习任务进行评价，如表15-2所示。

评　价　表　　　　　　　　　　　　　　表15-2

评价项目	评分标准	分数	学生自评	小组互评	教师评价	小计
团队合作情况	是否和谐	5				
活动参与情况	是否主动	5				
安全生产情况	有无安全隐患	10				
现场6S执行情况	是否做到	10				
任务方案设计	是否合理	10				
操作过程情况	(1)举升机操作； (2)制动踏板高度的检查和调整； (3)制动踏板自由行程的检查和调整	30				
任务完成情况	是否圆满完成	5				
工、量具和设备的使用	是否标准、规范	10				
劳动纪律	是否严格遵守	5				
项目工单的填写	是否完整、规范	10				
总分		100				
教师签名：					得分：	

四 学习拓展

(1)查阅资料,了解气压式制动系统的结构原理。

(2)查阅资料,说明制动灯开关内为何设置有两个开关。

学习任务十六 制动液的检查与更换

学习目标

◎ 知识目标
 (1)能够叙述制动传动装置的类型、液压制动传动装置组成和工作原理。
 (2)能够叙述制动液的种类和选用。
 (3)能够叙述制动主缸、制动轮缸的结构及工作原理。
 (4)能够叙述真空助力器的结构和工作原理。
◎ 技能目标
 (1)能规范地进行制动液面的检查和添加。
 (2)能规范地进行制动液的更换。
 (3)能规范地进行制动管路排气及真空助力器的检查。
 (4)能规范地进行制动主缸的拆装及主要零件的检查。
 (5)能规范正确地使用工、量具和设备。
◎ 素养目标
 (1)具备团队合作精神和6S理念。
 (2)提高安全、环境保护和节约意识。
 (3)养成服从管理、规范作业的工作习惯。
 (4)树立客户至上的服务意识。

建议完成本学习任务的时间为 **8 课时**。

学习任务描述

车主反映:自己的丰田卡罗拉ZRE151轿车,在行驶过程中,在紧急踩制动踏板时,有一脚到底的感觉。检查前后制动摩擦片、制动盘都正常,前后制动轮缸及各管路连接也正常,无泄漏,制动主缸液面也正常,怀疑是制动液太脏所致。需要你对制动液进行更换。

学习内容

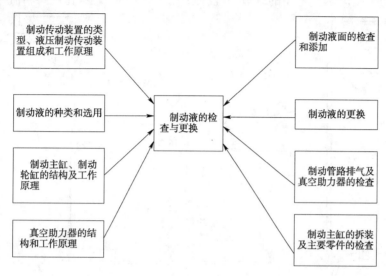

注意事项

(1)注意人身、设备安全,认真执行6S管理。
(2)严格遵守拆装规程。
(3)注意清洁零件,严格按顺序摆放,以免造成装配错误。

一 资料收集

引导问题1 制动传动装置的类型有哪些?液压制动传动装置的组成及工作原理是怎样的?

1 制动传动装置的类型

制动传动装置按传力介质的不同可分为液压式、气压式和气—液综合式;按制动管路的套数可分为单管路和双管路制动传动装置。

按照交通法规的要求,现代汽车的行车制动系须采用双管路制动传动装置,若其中一套管路损坏时,另一套仍然起制动作用,从而提高了制动的可靠性和安全性。

由于液压制动传动装置具有滞后时间短、摩擦件少、性能稳定、平顺性好等优点,目前在广大的中、小型汽车,特别是轿车上被广泛应用。

2 液压制动传动装置的组成及工作原理

如图16-1所示,液压式制动传动装置由制动踏板、制动主缸、储液罐、制动轮缸、油管等组成。其作用是利用液压油作为传力介质,将驾驶人施加在制动踏板上的力通过液压管路传至车轮制动器,产生制动作用。现代汽车上还采用了各种自动力调节装置,用以调节前后车轮制动管路的工作压力,常用的调节装置有限压阀、比例阀、感载比例阀和惯性阀等。

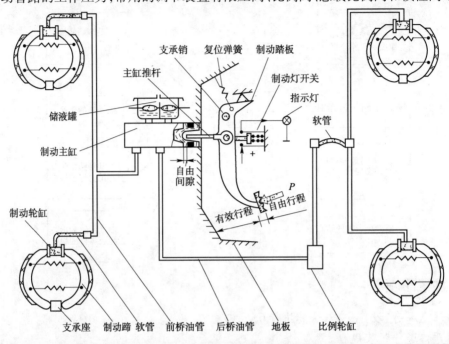

图16-1　液压式制动传动装置的组成

双管路液压制动传动装置是利用彼此独立的双腔制动主缸,通过两套独立管路,分别控制两桥或三桥的车轮制动器。常见的双管路的布置方案有前后独立式和交叉式两种形式。

前后独立式双管路液压制动传动装置由双腔制动主缸通过两套独立的管路分别控制前桥和后桥的车轮制动器。这种布置方式结构简单,如果其中一套管路损坏漏油,另一套仍能起作用,但会破坏前后桥制动力分配的比例。主要用于发动机前置后轮驱动的汽车。

交叉式双管路液压制动传动装置由双腔制动主缸通过两套独立的管路分别控制前桥和后桥对角线方向的两个车轮制动器。这种布置方式在任一管路失效时,仍能保持一半的制动力,且前桥和后桥制动力分配比例保持不变,有利于提高制动方向稳定性,主要用于发动机前置前轮驱动的轿车。

引导问题2　制动液的种类有哪些？如何选用？多久更换一次？

1　制动液的种类及选用

汽车制动液又称制动油,是用于汽车液压制动系统中传递压力的液体。

1)制动液的种类

(1)我国国家标准《机动车辆制动液》(GB 12981—2012)分类:HZY3、HZY4、HZY5。

（2）美国汽车工程师协会（SAE）分类：SAEJ1702、SAEJ1703、SAEJ1704。

（3）美国联邦机动车安全标准（FMWSS）的 DOT 分类：DOT3、DOT4、DOT5。

提示：制动液在长时间使用后，会因空气中的水分导致沸点下降，在工作过程中更容易出现气阻现象。所以制动液有一定的使用期限，应定期更换。

2）制动液的选用

制动液级别有高低，制动液级别越高，安全保障性越好。一般情况下，微型、中低档汽车适合选取符合 HZY3 标准的制动液，而中高档汽车建议选用 HZY4 标准的制动液。HZY5 标准的制动液主要用于军用车辆，适合用于沙漠等苛刻条件。

2 常见车型制动液更换的周期

制动液具有吸水特性，长时间不更换会腐蚀制动系统，给行车带来隐患。制动液一般两年或者 40000km 更换一次。根据具体车型不同，车辆行驶的地区不同，更换的制动液级别和容量也会不同。

引导问题3　制动主缸的作用是什么？它有哪些类型？

1 制动主缸的作用

制动主缸又称为制动总泵，如图 16-2 所示。它位于制动踏板与管路之间，其作用是将制动踏板输入的机械力转换成液压力。

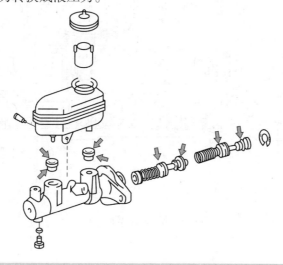

图 16-2　制动主缸

2 制动主缸的类型

制动主缸按活塞数分为单活塞制动主缸与串联双活塞制动主缸两种类型，如图 16-3、图 16-4 所示。

单活塞制动主缸对应的单管路制动系统安全性较差,按照国家标准规定汽车必须配置双管路制动系统,以提高汽车行驶过程的安全性。在双管路制动系统一般使用串联双活塞制动主缸。

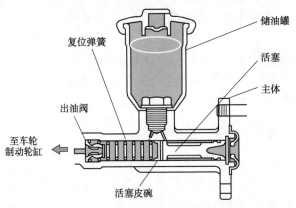

图16-3 单活塞制动主缸

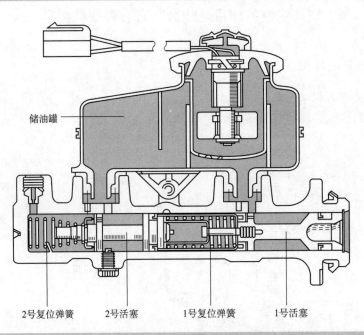

图16-4 串联双活塞制动主缸

引导问题4 制动液压是如何产生的?制动主缸的结构及工作原理是怎样的?制动轮缸的作用是什么?

1 制动液压的产生

如图16-5所示,驾驶员踩制动踏板的力通过推杆和活塞作用在被密闭的制动液上,由于液体是不可压缩的,制动液将受到的压力从制动主缸传递到各制动轮缸。

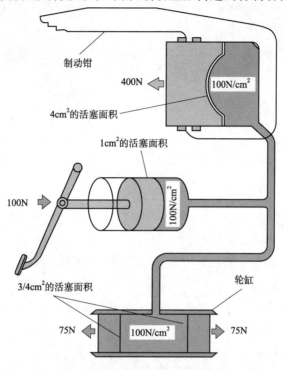

图16-5　制动液压的产生示意图

2 制动主缸的结构及工作原理

如图16-6所示,在制动主缸上端装有储油罐,制动主缸内的活塞通过真空助力器内的推杆和制动踏板相连。踩下制动踏板推动活塞运动,进油孔关闭,各制动轮缸产生制动油压。松开制动踏板,活塞恢复到初始位置,制动油压消失,制动解除,如图16-6a)所示。

制动液经过制动主缸及液压管路到达制动轮缸。当踩下制动踏板,两活塞在主缸推杆的作用下使两活塞运动,并将进油口关闭,在A、B两工作腔内均产生油压,如图16-6b)所示,车轮制动器产生制动力。解除制动时,活塞在弹簧作用下复位,液压油自轮缸通过管路流回到制动主缸。当后轮制动管路发生泄漏时,如图16-6c)所示,在B工作腔内不能产生油压,但在A工作腔内仍会产生油压,此时,后轮不能制动,前轮可制动。当前轮制动管路发生泄漏时,如图16-6d)所示,在A工作腔内不能产生油压,活塞②推动活塞①使其顶到制动主缸缸体上,在B工作腔内产生油压,此时,前轮不能制动,后轮可以制动。

3 制动轮缸的结构组成

如图16-7所示,制动轮缸也称为制动分泵。制动轮缸固定在制动底板上,其作用是将制动主缸传来的液体压力转变为使制动蹄张开的机械推力,实现制动。制动轮缸主要由缸体、活塞、皮碗、弹簧和放气螺钉等组成。放气螺钉的作用是排出制动液中的空气。

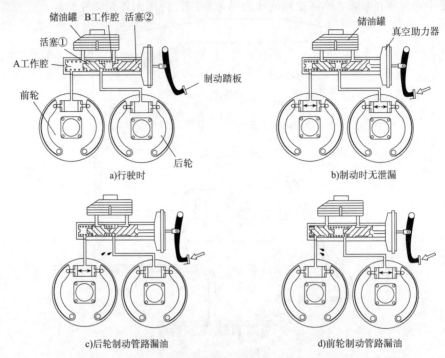

图 16-6 制动主缸的结构及工作原理

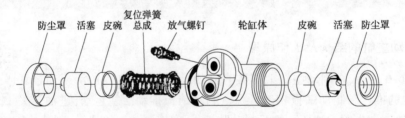

图 16-7 双活塞制动轮缸的分解图

引导问题5 ▶ 制动助力器的作用是什么？制动助力器的类型有哪些？

1. 制动助力器的作用

制动助力器的作用是将踩制动踏板的力放大，产生更大的汽车制动力，减轻驾驶人的操作强度，提高驾驶的舒适性和行车安全性。如果制动助力器失效，制动力将会大幅度下降，甚至造成交通事故。

2. 制动助力器的类型

制动助力器常见的类型有真空助力器和液压助力器两种，如图16-8、图16-9所示。

项目六　制动系统的检修

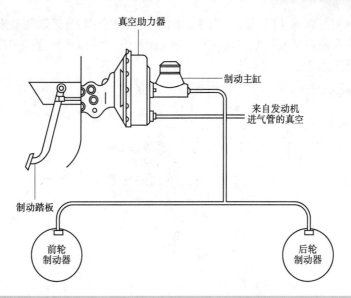

图16-8　真空助力器

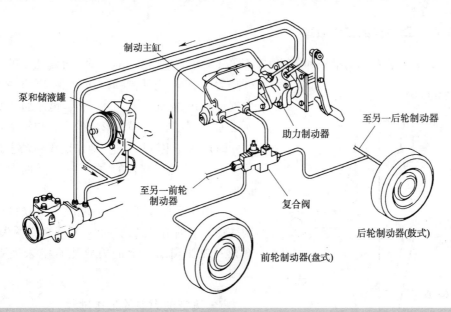

图16-9　液压助力器

引导问题6　**真空助力器的结构是怎样的?**

1 真空助力器的结构

真空助力器如图16-10所示,其内部有薄而宽的活塞,通过固定在活塞上的膜片将空气室和负压室隔离。负压室和发动机进气管相通。复位弹簧安装在负压室的推杆上和推杆一起运动。橡胶阀门与在膜片座上加工出来的阀座组成真空阀,与控制阀柱塞的大气阀座组成大气阀。真空阀将负压室与空气室相连,空气阀将空气室和外界空气相连。发动机不工作时真空助力器不工作。

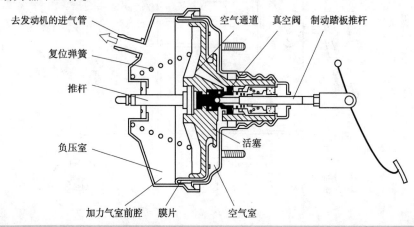

图16-10 真空助力器的结构

2 真空助力器的工作原理

真空助力器装在制动踏板和制动主缸之间,工作原理如图16-11所示,膜片将助力装置分隔为2个腔,当踩制动踏板时,膜片的一侧接通大气,而另一侧连通真空源,于是膜片的两侧产生压力差,压力差通过膜片形成的推力与踩踏板上的力同时作用在主缸推杆上,即作用在制动主缸上有两个力,一个是踩踏板的力,另一个是助力器产生的增力。

作用于主缸推杆上的力取决于驾驶员施加到制动踏板上的力。当真空助力器或真空源失效时,驾驶人施加到踏板上的力要比真空未失效时大得多。

3 真空助力器的工作过程

1)当制动系统不工作时

如图16-12所示,不踩制动踏板时,助力器活塞在复位弹簧的作用下恢复到原来的位置,制动踏板推杆也往回运动,空气阀关闭,真空阀打开,使真空室和空气室相通,两室维持相同的真空。其他制动机构也保持在原来的位置。

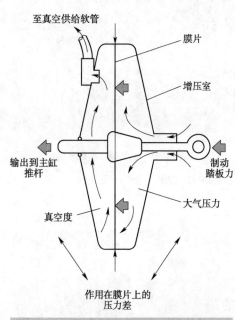

图16-11 真空助力器工作原理示意图

2)踩下制动踏板时

如图16-13所示,踩下制动踏板时,真空室内的空气被吸进发动机进气管,产生负压,此时真空阀关闭,空气阀打开。空气进入空气室,使空气室压力大于真空室压力,活塞向前运动,于是带动制动主缸内的活塞运动,产生制动油压力。

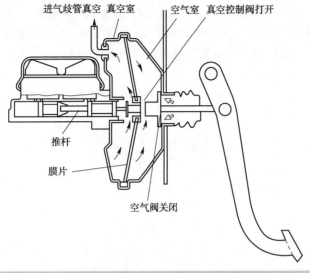

图 16-12　不踩制动踏板时

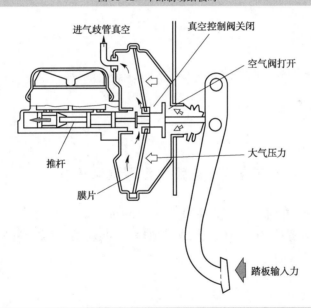

图 16-13　踩下制动踏板时

3）踩下并保持制动踏板时

如图 16-14 所示,当制动踏板力不再增加时,真空阀关闭,空气阀也关闭。真空室内的负压、空气室的气压、制动踏板力与膜片复位弹簧力达成平衡,制动力油压保持不变。

4）松开制动踏板时

如图 16-12 所示,松开制动踏板,助力器活塞在复位弹簧的作用下恢复到原来的位置,制动踏板推杆也往回运动,空气阀关闭,真空阀打开,使真空室和空气室相通。其他制动机构也恢复到原来的位置,制动油压下降,制动解除。

注意:对于汽油机,真空是从发动机进气歧管处获得,汽油机的节气门对进气时的空气流量有节流的作用,在节气门后面的进气歧管内产生较大的真空度,真空助力器是通过真空软管从进气歧管处获得真空;对于柴油机,由于没有节气门,进气歧管处的真空度很小或几乎没有,所以柴油车要装配由发动机驱动的真空泵或由电动机驱动的真空泵,为真空助力器提供真空源。

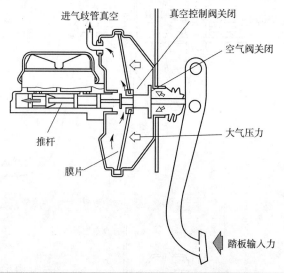

图 16-14　踩下并保持制动踏板时

二 实施作业

引导问题 7　作业前应该准备哪些工、量具和设备?

(1)工、量具:排气专用扳手、连接螺母扳手(10mm)等。
(2)设备:丰田卡罗拉 ZRE151 轿车或其他轿车、制动液、容器、漏斗及软管,防护手套(根据本校现有设备情况)。
(3)维修手册、评分表等。

引导问题 8　如何进行作业前的准备工作?

(1)现场安全确认:车辆、举升机、工位。
(2)车辆防护:三件套、翼子板布、前格栅布、车轮挡块等。

引导问题 9　通过查询和查找,你能找到以下信息吗?

请完成车辆基本信息表,见表 16-1。

项目六 制动系统的检修

车辆基本信息表　　　　　　　　　　　　　　　　表 16-1

项　　目	具 体 信 息	项　　目	具 体 信 息
车牌号码		发动机型号及排量	
行驶里程		车辆识别代码(VIN)	

引导问题 10　如何对制动液进行检查与更换？

请查阅维修手册，根据以下步骤进行作业。

1 制动液液位的检查

(1)制动系统的储油罐安装在制动主缸上，为制动主缸提供工作油液。

提示：制动系统和离合器液压系统共用一个储油罐。

(2)如图 16-15 所示，检查储油罐内的制动液液位是否正常。

提示：制动液液面应位于储油罐上"MAX"与"MIN"刻度线之间。

2 制动液的添加

(1)拆下制动储油罐上的装饰板。

①拆下前围板密封条。

②脱开卡夹，取下右侧防水片。

(2)拆下储液罐盖，擦净油液。

提示：取下储液罐盖时，擦净储液盖上的油液后摆放到零件车上，以避免油液滴落到车身上或黏附到皮肤上，导致车漆剥落或皮肤损伤。

(3)如图 16-16 所示，将漏斗放入储液罐加油口中并用手扶稳，然后将油液缓慢倒入储油罐内，直到液位达到规定要求为止。

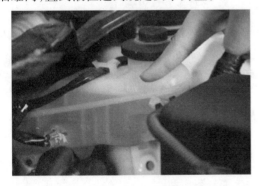

图 16-15　检查储油罐内的制动液液位

图 16-16　添加制动液至规定要求

注意：储油罐中的液面应位于"MIN"与"MAX"刻度线的中间位置。

(4)用棉纱擦净加油口处油迹，并盖上储液罐盖。

3 制动液的更换

1）排放制动液

（1）进入驾驶室,关闭车门,降落车窗玻璃,放松驻车制动器操纵杆。

注意：制动液的更换通常有两种方法,人工更换和用机器更换。人工更换需要两人协作完成,一人踩踏制动踏板,给液压制动系统加压;另一人打开制动轮缸上的放气阀,排出制动系中的空气,如图16-17所示。

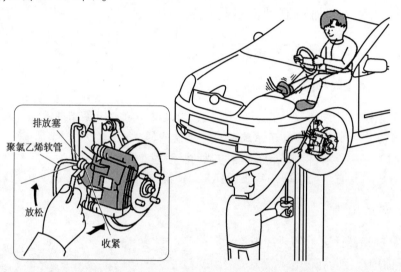

图16-17　人工更换制动液

（2）操纵举升机,将车辆举升至适当高度,并可靠锁止举升机。

注意：举升或降落车辆时,强调安全确认。

（3）用手取下右后车轮制动轮缸放气阀上的防尘帽,并放置到零件车上。

提示：制动轮缸放气阀上的防尘帽有两个作用：一是防止脏物堵塞排油孔;二是防止潮湿空气进入制动油路。

（4）准备好塑料软管、接油容器。将塑料软管一端插入制动轮缸的放气阀上;一端插入接油容器中。

注意：排放制动液时,禁止将油液洒落到地面上。否则,不仅污染环境,而且影响安全操作。

（5）一人使用专用扳手,拧松制动轮缸上的放气阀;另一人开始踩踏制动踏板。

注意：排放制动液时,两人要密切配合。

（6）随时观察制动液排放情况,当无油液排放时,拧紧放气阀,取下塑料软管。至此,右后车轮轮缸内的制动液排放完毕。

注意：取下塑料软管后,使用棉纱擦净放气阀上的油滴。

按照相同的操作要求,依次排放左后车轮、右前车轮、左前车轮。

2）清洗制动液管路

基本的操作步骤见3.1)排放制动液。

注意：当从某车轮轮缸制动管路中排出的制动液清澈透明时，证明该车轮轮缸及其管路中的污渍已经被冲洗干净。

3)加注制动液

基本的操作步骤见"2.制动液的添加"。

注意：如果对制动系统执行了任何操作或怀疑制动管路中有空气，应对制动系统进行放气。

4)制动主缸排气

注意：如果制动主缸重新安装过或储油罐被排空，则应对主缸进行排气。

(1)用连接螺母扳手从主缸上断开两个制动管路，缓慢踩下制动踏板并保持。

(2)用手指堵住两个孔，并松开制动踏板。

(3)重复步骤(1)、(2)3~4次。

(4)用连接螺母扳手将两个制动管路连接至主缸。

5)制动管路排气

(1)一人进入驾驶室，关闭车门，降落车窗玻璃，放松驻车制动器操纵杆。

(2)将塑料软管连接至放气螺栓。

提示：用干净的塑料软管和接油容器以利于排除的制动液不受污染，制动液可重复使用。

(3)连续踩踏制动踏板数次，当感觉制动踏板下行阻力增大时，踩住并保持制动踏板位置，开始排气。

提示：连续踩踏制动踏板，目的是建立油压，有利于快速排放管路中的空气。

(4)当制动液流动速度变慢时，拧紧制动轮缸上的放气阀。

注意：在制动轮缸的放气阀从打开到关闭这段时间内，要始终踩着制动踏板，并随制动踏板下行。一旦中途放松制动踏板，会使空气吸回管路中；在制动系统排气过程中，要注意查看储油液罐内制动液面，适时添加补充，避免外界空气由制动主缸进入罐中。

(5)重复多次，直到管路中排出的制动液，在接油容器中不再有气泡生成为止。拧紧放气阀，取下放气软管，擦净油迹。

(6)对每个车轮均重复上述程序，从而完成对制动管路的排气。

注意：按照相同的操作方式，依次排放左后车轮、右前车轮、左前车轮的制动管路中的空气。

(7)连续踩踏制动踏板2~3次，间隔时间5~10s，确定制动管路中空气排放情况。

提示：每次用力踩下制动踏板，如果制动踏板的储能起始位置基本保持不变，并且制动踏板反压强硬，则证明制动系统中空气排放彻底。

6)制动性能的测试

(1)彻底放松驻车制动器操纵杆，然后用力踩下制动踏板并保持制动位置。

(2)用力转动每个车轮，如图16-18所示。

注意：如果每个车轮均不能转动，说明液压制动系统工作状况基本正常。

4 制动主缸的拆卸

(1)拔下液位传感器的电插头，然后旋下储液罐盖擦净。

提示：插拔电插头时，应保持点火开关处于关闭状态，否则，产生的电动势极易损坏电控单元。取下储油罐盖时，擦净盖上的油液，避免油液滴落到车漆上或黏附到皮肤上。

（2）使用吸管将储液罐内的制动液吸出，盛放到接油容器中，如图16-19所示。

提示：尽量吸净储油罐内的制动液。要选用清洁的容器盛放制动液。

图16-18　制动性能测试

图16-19　吸出制动液

（3）在供油管下方铺设棉纱，如图16-20所示。

提示：铺设棉纱的目的是防止残留制动液滴落到车漆、机械总成及地面上。

（4）使用10mm开口扳手，拧松制动主缸两出油管路压紧螺母，如图16-21所示。

提示：拧松制动主缸出油管压紧螺母时禁止使用磨损过度的开口扳手。

图16-20　在供油管下方铺设棉纱

图16-21　拧松出油管路压紧螺母

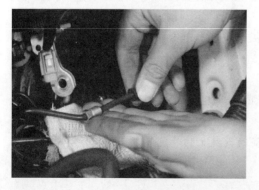
图16-22　用手旋出出油管压紧螺母

（5）用手旋出制动主缸的出油管压紧螺母后，稍微用力将出油管拉离制动主缸，将油管堵头安装到两出油管口上，如图16-22所示。

提示：拆卸后油管，为防止水分、灰尘及杂物进入制动管路，引起制动液性能下降、污染及加剧机件磨损，要安装适合的油管堵头。

（6）将14mm套筒、接杆、棘轮扳手组合，拧松制动主缸两只固定螺母，如图16-23所示。

（7）一手扶住制动主缸，一手旋下固定螺母，如图16-24所示。

(8)取下制动主缸。

(9)取下储油罐,并检查储油罐与制动主缸的密封圈。

提示:该密封圈用于保护储油罐与制动主缸间的密封,如果出现裂纹、发胀、发黏、扭曲变形,应更换新件。否则,会导致漏油。

图 16-23 拧松制动主缸固定螺母

图 16-24 旋下固定螺母

5 制动主缸的解体

如图 16-25 所示为制动主缸总成分解图。

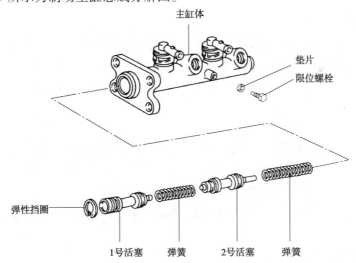

图 16-25 制动主缸总成分解图

(1)拆卸活塞限位螺栓。

(2)拆卸活塞和弹簧。

注意:在拆卸或安装活塞时必须保持其与主缸垂直,否则活塞可能会刮伤缸壁。

6 制动主缸零件的检查

(1)使用制动液和刷子清洗制动主缸,再用高压空气吹干净各零件,如图 16-26 所示。

(2)检查制动主缸缸壁是否生锈或有刮痕,如图16-27所示。

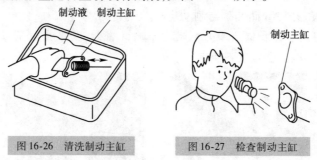

图16-26　清洗制动主缸　　　图16-27　检查制动主缸

提示:如果主缸缸壁生锈或有刮痕,则应检查制动液是否含有过多的水分和杂质。

(3)检查缸壁是否已磨损。

(4)检查皮碗是否有磨损或破裂。

提示:若皮碗磨损或破裂,则应检查制动液是否变质。

(5)检查活塞弹簧是否有弯曲变形、生锈或断裂等现象。

提示:制动主缸缸壁一旦出现损坏,则应更换制动主缸总成。其余零件损坏则可以通过更换修理包进行维修。

7 制动主缸的装配

1)涂敷润滑脂

如图16-28所示,在各活塞的橡胶零件上涂敷指定的润滑脂。

注意:必须使用指定的润滑脂,否则可能造成橡胶零件的发胀而出现安全隐患。

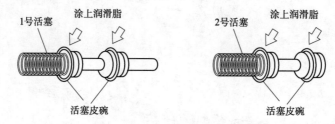

图16-28　涂敷润滑脂

2)活塞和弹簧安装

(1)按如图16-29所示方式将两个弹簧和活塞装入主缸。

(2)用裹有胶带的螺丝刀将活塞垂直推入制动主缸,并用专用钳装上弹性挡圈。

3)活塞限位螺栓安装

如图16-30所示,使用螺丝刀将活塞完全推到底,并装上套有垫片的活塞限位螺栓,用规定力矩拧紧螺栓。

4)将密封圈上均匀涂抹一薄层制动液

注意:安装密封圈的时候,确保密封圈呈自然状态,不允许有扭曲现象。在密封圈上涂抹制动液,可以起到方便安装和加强密封的作用。

5)检查并安装制动主缸和制动助力器间的密封圈

注意:该密封圈安装在制动主缸的前端凸缘上,用于密闭制动主缸和制动助力器之间接合面的缝隙,形成内部密闭空间,从而保证制动助力器的使用性能。

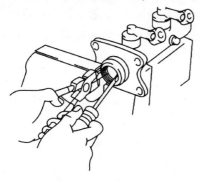

图16-29　安装弹簧和活塞　　　　图16-30　安装活塞限位螺栓

6)在制动主缸后活塞凹坑中涂抹适当的润滑脂

注意:制动主缸活塞凹坑与其推杆间因相互摩擦而产生磨损,因此安装时需要在接触部位进行润滑。

7)将储油罐安装到制动主缸上

注意:确保储油罐安装到位,否则将会引起泄漏。

8 制动主缸的安装

(1)检查和调整真空助力器推杆与主缸活塞之间的间隙。

(2)将制动主缸的活塞凹坑与推杆对齐,将制动主缸壳体上的螺栓孔与制动助力器壳体上的螺栓对齐,然后,将制动主缸用手安装到制动助力器上。

(3)装上制动主缸。

(4)连接储液罐两根软管。

(5)连接两根制动器管。

(6)将14mm套筒、接杆、棘轮扳手组合后,拧紧制动主缸的两个固定螺母。(螺母规定力矩为13N·m)。

(7)取下油管堵头后,用手将制动主缸的两出油管的压紧螺母旋入螺纹孔中。

(8)使用10~12mm开口扳手,拧紧制动主缸两根油管的压紧螺母。螺母规定力矩15N·m。

9 制动液的加注

1)排出制动主缸的空气

(1)向制动主缸储液罐加注制动液。

注意:制动液不能混合使用,在加注时一定要分辨制动液的品牌和型号。

(2)从制动主缸上拆下制动管。

(3)慢慢踩下制动踏板,踩到底后保持住。

(4)在松开制动踏板之前,先用手指堵住输出孔,再松开制动踏板。

(5)踩下踏板之后,松开手指。重复步骤(3)、(4)3~4次,直到输出孔没有空气喷出为止。

(6)将各制动管路连接到制动主缸上。

提示:与制动管路的排空一样,主缸的排空作业需要两人配合完成。要一边排空,一边向储油罐补充制动液,确保储油罐内的液位正常。如果制动液补充不及时,空气就会从储油罐进入主缸和管路中。

2)排出制动管路的空气

排出制动管路空气的方法在此不再赘述。

10 制动助力器的更换

1)真空助力器功能检查

(1)在发动机起动之前连续踩下制动踏板数次。

(2)如图16-31所示,踩住制动踏板并起动发动机,检查踏板是否下沉。

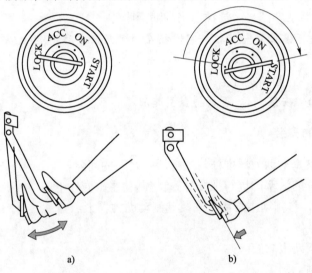

图16-31 检查真空助力器功能

2)真空助力器的气密性检查

(1)检查方法一。

起动发动机运转1~2min后熄火,慢慢踩制动踏板数次,如图16-32a)所示。若第1次踩下的行程最大,第2次或第3次后渐渐回抬,则表示其气密性良好,如图16-32b)所示。

(2)检查方法二。

在发动机运转时踩下制动踏板,然后使发动机熄火,并保持踏板在踩下位置约30s后若踏板高度无变化,则密封良好。

3)真空软管和止回阀就车检查

(1)检查软管。

目检软管是否连接正确与牢固,有无损坏。

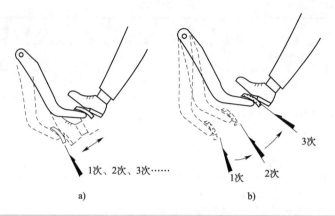

图16-32 真空助力器气密性检查方法一

(2)检查止回阀。

如图16-33所示,气流应能从真空助力器一侧流向接软管一侧,而反方向不通。否则止回阀失效。

提示:若止回阀失效,应连同真空软管一起更换。

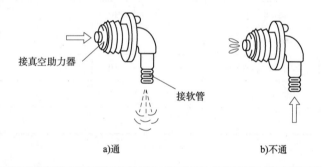

图16-33 止回阀检查

4)制动主缸和真空助力器的拆卸

(1)松开真空助力器安装支架与车身的紧固螺母(拧紧力矩15N·m)。

(2)松开真空助力器安装支架与助力器的紧固螺母(拧紧力矩20N·m)。

(3)松开制动主缸与真空助力器连接的两个紧固螺母(拧紧力矩20N·m),使制动主缸和真空助力器分离。

(4)拧松真空软管的卡箍和管接头,取下真空助力器上的软管。

5)安装真空助力器

真空助力器的安装按分解的相反顺序进行。

三 评价与反馈

对本学习任务进行评价,如表16-2所示。

评 价 表　　　　　　　　　　　　　　　表16-2

评价项目	评分标准	分数	学生自评	小组互评	教师评价	小计
团队合作情况	是否和谐	5				
活动参与情况	是否主动	5				
安全生产情况	有无安全隐患	10				
现场6S执行情况	是否做到	10				
任务方案设计	是否合理	10				
操作过程情况	(1)举升机操作； (2)制动液位的检查和制动液添加； (3)制动液的更换； (4)制动管路排气及真空助力器的检查； (5)制动主缸的拆装及主要零件的检查	30				
任务完成情况	是否圆满完成	5				
工、量具和设备的使用	是否标准、规范	10				
劳动纪律	是否严格遵守	5				
项目工单的填写	是否完整、规范	10				
总分		100				
教师签名：					得分：	

四 学习拓展

(1)哪些原因会导致空气进入制动系统？哪些原因会导致制动液提前变质？

(2)查阅资料了解制动液排空机器的排气方法。

学习任务十七　驻车制动器的检查与调整

学习目标

◎ 知识目标
(1)能够叙述驻车制动系统的作用及类型。
(2)能够叙述驻车制动系统的组成及工作原理。

◎ 技能目标
(1)能规范地对驻车制动器进行检查。
(2)能规范地对驻车制动器进行调整。
(3)能规范正确地使用工、量具和设备。

◎ 素养目标
(1)具备团队合作精神和6S理念。
(2)提高安全、环境保护和节约意识。
(3)养成服从管理、规范作业的工作习惯。
(4)树立客户至上的服务意识。

建议完成本学习任务的时间为**6**课时。

 学习任务描述

车主反映:自己的轿车,拉起驻车制动操纵杆时特别费力,而且驻车效果不理想。需要你对该车的驻车制动器进行检查及调整。

 学习内容

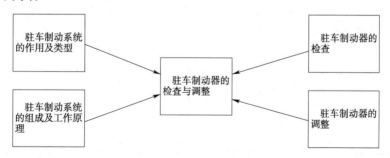

 注意事项

(1)注意人身、设备安全,认真执行6S管理。
(2)严格遵守拆装规程。
(3)注意清洁零件,严格按顺序摆放,以免造成装配错误。

一 资料收集

引导问题1 驻车制动系统的作用是什么？它分为哪几种类型？

1 驻车制动系统的作用

驻车制动系统的作用是：车辆停驶后防止滑溜；使车辆在坡道上能顺利起步；行车制动系统失效后临时使用或配合行车制动器进行紧急制动。驻车制动系统是除汽车行车制动系统之外的第二套制动系统，若驻车制动系统工作性能下降，会影响驻车的可靠性。

2 驻车制动系统的类型

按驻车制动器在汽车上安装位置的不同，驻车制动系统分中央制动式和车轮制动式两种。前者的制动器通常安装在变速器后面，其制动力矩作用在传动轴上，如图17-1所示；后者和行车制动装置共用制动器（通常为后轮制动器），又称复合制动器，只是传动装置互相独立，如图17-2所示。驻车制动装置一般是人手动操纵，通过钢索或杠杆来驱动。

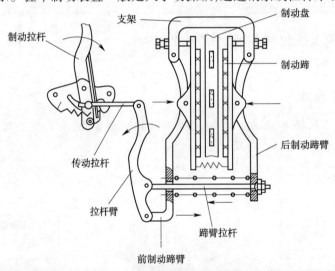

图17-1 中央盘式驻车制动器结构

引导问题2 驻车制动系统由哪几部分组成？它的工作原理怎样？

1 驻车制动系统的组成

驻车制动系统主要由驻车制动操纵杆、制动拉索及后轮制动器中的驻车制动器等组成，如图17-3所示。驻车制动器通常作用于后轮，主要用于在坡路或平路上停车或在紧迫情况下紧急停车。

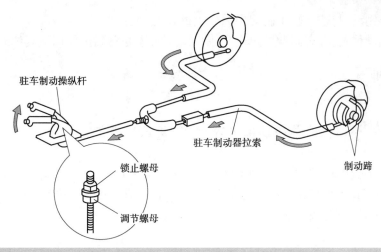

图 17-2　后轮鼓式驻车制动器

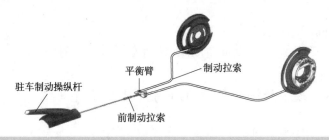

图 17-3　驻车制动系统的组成

2 驻车制动器的工作原理

如图 17-4 所示,驻车制动时,拉起驻车制动操纵杆,驻车制动操纵杆的拉力通过操作机构使驻车制动拉索收紧,拉索则拉动驻车制动杠杆的下端,使之绕上端支点顺时针转动,制动杆转动过程中,其中间支点推动驻车制动推杆左移,使前制动蹄压向制动鼓。前制动蹄压向制动鼓后,制动推杆停止运动,则驻车制动杠杆的中间支点变成其继续移动的新支点,于是驻车制动杠杆的上端右移,使后制动蹄压靠在制动鼓上,产生制动作用。此时,驻车制动操纵杆上的棘爪嵌入齿扇上的棘齿内,起锁止作用。

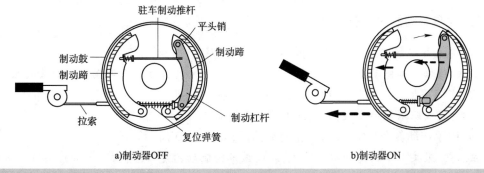

图 17-4　驻车制动器的工作原理

解除驻车制动时,按下驻车制动操纵杆上的按钮,使棘爪脱离棘齿,将驻车制动操纵杆推回到释放制动位置,驻车制动拉索松开,则制动蹄在复位弹簧的作用下复位。

二、实施作业

引导问题3 作业前应该准备哪些工、量具和设备?

(1)工、量具:10mm套筒、拉杆及棘轮扳手、扭力扳手等。
(2)设备:丰田卡罗拉轿车或其他轿车(根据本校现有设备实际情况)。
(3)维修手册、评分表等。

引导问题4 如何进行作业前的准备工作?

(1)现场安全确认:车辆、举升机、工位。
(2)车辆防护:三件套、翼子板布、前格栅布、车轮挡块、干净抹布等。

引导问题5 通过查询和查找,你能找到以下信息吗?

请完成车辆基本信息表,见表17-1。

车辆基本信息表　　　　　　　　　　　　　　　表17-1

项　目	具体信息	项　目	具体信息
车牌号码		发动机型号及排量	
行驶里程		车辆识别代码(VIN)	

引导问题6 如何对汽车驻车制动器进行检查与调整?

请查阅维修手册,根据以下步骤进行作业。

1 驻车制动器的检查

(1)进入驾驶室,按下驻车制动操纵杆前端的按钮,放松驻车制动器。
注意:放松驻车制动器,为了便于检查车轮制动器的复位性能及制动踏板自由行程。
(2)连续踩制动踏板2~3次,然后彻底放松制动踏板。
注意:连续踩踏制动踏板,为了使车轮制动器都工作。
(3)用手转动各个车轮,检查车轮转动情况,如图17-5所示。
注意:如果某个车轮转动阻力过大,表面该车轮制动器复位不良,则应进行拆检。
(4)拉紧驻车制动操纵杆,检查棘爪的锁定性能,如图17-6所示。
(5)按下驻车制动操纵杆前端按钮,检查制动器解除锁定性能,如图17-7所示。

注意：如果按下驻车制动操纵杆前端按钮，操纵杆能快速复位，表明按钮性能正常。否则应进行检修。

（6）转动后两车轮，检查车轮转动情况。

注意：如果车轮转动阻力过大，表面该车轮驻车制动器复位性能不良，应予以检修。

（7）缓慢向上拉紧驻车制动器的操作杆，并仔细听"咔嗒"声响次数。

 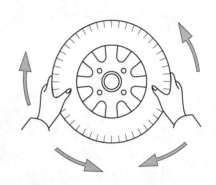

图 17-5　检查车轮转动情况

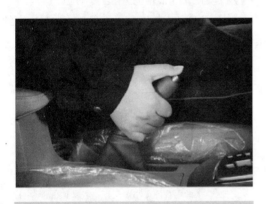 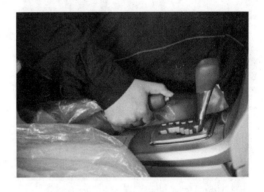

图 17-6　检查棘爪的锁定性能　　　　图 17-7　检查制动器解除锁定性能

2　驻车制动器的调整

（1）拉动驻车制动操纵杆，当听到棘轮"咔嗒"2响后，使操纵杆锁止于该位置。

（2）拆卸驻车制动操纵杆上的装饰板，找到驻车制动器调整螺母并进行调整。

①拆卸左、右下装饰板。

②拆卸换挡杆装饰板。

③拆卸地板控制台面板总成。

④找到驻车制动器拉线上的调整螺母，如图 17-8 所示。

⑤使用两把扳手将驻车制动拉线的锁紧螺母松开。

图 17-8　驻车制动器拉线上的调整螺母

图 17-9　调整螺母的调整

⑥两人相互配合,调整驻车制动器。具体方法:一人转动后轮,另一人调整驻车制动器拉线上的调整螺母,当达到车轮不能转动时,即停止旋入调整螺母。然后将驻车制动拉线的锁紧螺母锁紧,如图 17-9 所示。

(3)彻底放松驻车制动操纵杆。

(4)转动两后轮,检查后轮转动阻力。

(5)用 200N 的力拉驻车制动操纵杆,拉到底操纵杆应有 6~9 个槽口行程。

(6)将驻车制动操纵杆的装饰板恢复。

三 评价与反馈

对本学习任务进行评价,如表 17-2 所示。

评 价 表　　　　　　　表 17-2

评价项目	评分标准	分数	学生自评	小组互评	教师评价	小计
团队合作情况	是否和谐	5				
活动参与情况	是否主动	5				
安全生产情况	有无安全隐患	10				
现场 6S 执行情况	是否做到	10				
任务方案设计	是否合理	10				
操作过程情况	(1)举升机操作; (2)驻车制动器的检查; (3)驻车制动器的调整	30				
任务完成情况	是否圆满完成	5				
工、量具和设备的使用	是否标准、规范	10				

续上表

评价项目	评分标准	分数	学生自评	小组互评	教师评价	小计
劳动纪律	是否严格遵守	5				
项目工单的填写	是否完整、规范	10				
	总分	100				
教师签名：					得分：	

四 学习拓展

(1) 查阅资料，了解电子驻车制动系统，它有哪些优点？

(2) 查阅资料，说明如何更换驻车制动操纵杆，如何更换驻车制动拉索。

学习任务十八　制动蹄、制动鼓的检查与更换

学习目标

◎ **知识目标**
(1) 能够叙述鼓式制动器的组成和类型。
(2) 能够叙述鼓式制动器的结构及其工作原理。

◎ **技能目标**
(1) 能规范地对鼓式制动器进行拆装。
(2) 能规范地对制动蹄、制动鼓进行检查。
(3) 能规范正确地使用工、量具和设备。

◎ **素养目标**
(1) 具备团队合作精神和6S理念。
(2) 提高安全、环境保护和节约意识。
(3) 养成服从管理、规范作业的工作习惯。
(4) 树立客户至上的服务意识。

建议完成本学习任务的时间为 **6 课时**。

 学习任务描述

车主反映：自己的上海桑塔纳 2000Gsi 轿车，使用了三年多，管路无泄漏、制动主缸及真空助力器工作良好，唯独制动距离过长。针对此种情况需要你对车轮制动器进行拆检。

 学习内容

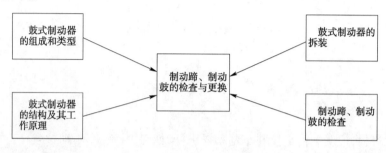

 注意事项

(1) 注意人身、设备安全，认真执行 6S 管理。
(2) 严格遵守拆装规程。
(3) 注意清洁零件，严格按顺序摆放，以免造成装配错误。

一、资料收集

引导问题 1 鼓式车轮制动器由哪几部分组成？鼓式车轮制动器的类型有哪些？

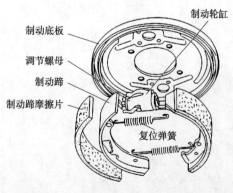

图 18-1 鼓式制动器的组成

1 鼓式车轮制动器的组成

简单的鼓式车轮制动器由旋转部分、固定部分、促动装置和间隙调整装置组成，如图 18-1 所示。旋转部分为制动鼓；固定部分是制动底板和制动蹄；促动装置的作用是对制动蹄施加力使其向外张开；间隙调整装置的作用是保持和调整制动蹄和制动鼓间有正确的相对位置。

2 鼓式车轮制动器的类型

1) 按促动装置类型来分

项目六 制动系统的检修

鼓式车轮制动器多为内张双蹄式。按促动装置的形式可分为轮缸式、凸轮式和楔块式，如图18-2所示。

图18-2 制动器促动装置的类型

2）按产生制动力矩的不同来分

根据制动过程中两制动蹄产生制动力矩的不同，鼓式制动器可分为领从蹄式，单向双领蹄式，双向双领蹄式，单向自增力式和双向自增力式，如图18-3所示。

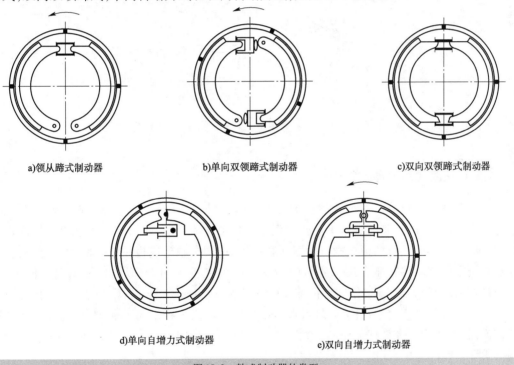

图18-3 鼓式制动器的类型

引导问题2 领从蹄式制动器的工作原理怎样？它的结构是怎样的？

本书主要介绍轮缸式领从蹄式制动器。

1 领从蹄式制动器的工作原理

如图18-4所示，汽车前进时制动鼓按图示箭头方向旋转。制动时，前后制动蹄在制动轮缸活塞的推力作用下分别绕各自的支点旋转,由于前蹄的张开方向与制动鼓的旋转方向相同,故称为领蹄;反之,后蹄的张开方向与制动鼓的旋转方向相反,称为从蹄。

领、从蹄所产生的制动力矩不等,一般领蹄产生的制动力矩约为从蹄产生的制动力矩的 2~2.5 倍。相同尺寸的领、从蹄磨损程度也不同(领蹄的磨损较为严重)。此外,领从蹄式制动器的制动鼓受到的来自领、从蹄的法向反力不平衡,使得两蹄法向力不平衡,则两蹄法向力之和只能由车轮轮毂轴承的反力来平衡,这就对车轮轮毂轴承造成了附加径向载荷,使其寿命缩短。

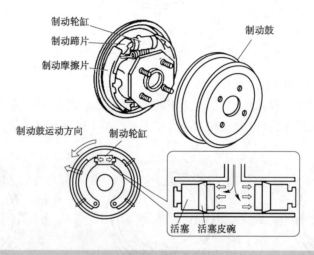

图 18-4 鼓式制动器的工作原理

2 领从蹄式制动器的结构

上海桑塔纳 2000Gsi 轿车后轮的领从蹄式制动器如图 18-5 所示。该车制动轮缸为双活塞内张式液压轮缸,其制动底板由螺栓固定在后桥轴端的支承座上,制动轮缸用螺钉固定在制动底板上方,支架、止挡板用螺钉紧固在底板下方,构成制动底板总成。制动蹄定位销、弹簧及弹簧座将制动蹄紧压在制动底板的带储油孔的支承平面上,以防止制动蹄轴向窜动。制动蹄上固定有斜楔支承,用来支承调节间隙用的楔形块,称为带斜楔装置的制动蹄总成。制动蹄上铆有可以绕销轴自由转动的制动操纵杆,制动操纵杆下端做成钩形,与驻车制动钢索相连,制动蹄称为带杠杆装置的制动蹄总成。摩擦衬片用空心铆钉与制动蹄铆接在一起,铆钉头埋入摩擦片中,深度约为新摩擦片的 2/3 左右。

二 实施作业

引导问题 3 作业前应该准备哪些工、量具和设备?

(1)工、量具:组合扳手、螺丝刀、鲤鱼钳、尖嘴钳、扭力扳手、VW637/2、游标卡尺、弓形内径百分表等。

（2）设备：上海桑塔纳 2000Gsi 轿车或其他轿车（根据本校现有设备实际情况）、配套的制动片、粗砂布、防护手套、车轮支架、台虎钳、棉纱等。

（3）维修手册、评分表等。

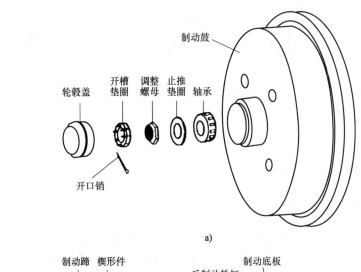

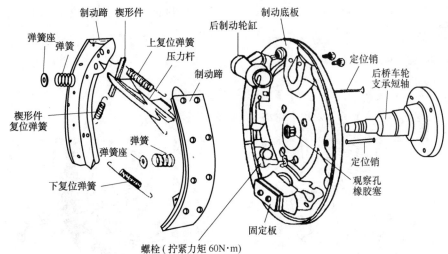

图 18-5　后轮领从蹄制动器分解图

引导问题 4　如何进行作业前的准备工作？

（1）现场安全确认：车辆、举升机、工位。

（2）车辆防护：三件套、翼子板布、前格栅布、车轮挡块、干净的抹布等。

引导问题5 通过查询和查找,你能找到以下信息吗?

请完成车辆基本信息表,见表18-1。

车辆基本信息表　　　　　　　　　　　　　　　　　　表18-1

项　目	具体信息	项　目	具体信息
车牌号码		发动机型号及排量	
行驶里程		车辆识别代码(VIN)	

引导问题6 如何对制动蹄、制动鼓进行检查与更换?

请查阅维修手册,根据以下步骤进行作业。

1 制动蹄摩擦片厚度的检查

通过制动底板上的观察孔,检查制动摩擦片厚度和车轮拖滞情况,如图18-6所示。摩擦片厚度为5.0mm,磨损极限值为2.5mm(不包括制动底板)。如果检查结果不符合要求,应修理或更换新件。

2 后轮的拆卸

(1)用千斤顶支撑起后轮,拧松车轮螺栓的固定螺母,取下车轮。
(2)用专用工具VW637/2卸下轮毂盖,如图18-7所示。

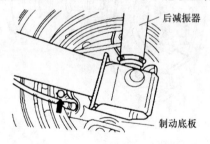

图18-6 检查制动蹄摩擦片厚度　　　　图18-7 用专用工具卸下轮毂盖

(3)取下开口销,旋下后车轮轴承上的六角螺母,取出止推垫圈。
(4)用螺丝刀通过制动鼓螺孔向上拨动楔形件,使制动蹄与制动鼓放松,如图18-8所示。拉出制动鼓。

3 后制动鼓的拆卸

(1)拆卸后轮。
(2)穿过后挡板上的孔插入螺丝刀将自动调整杆撬高。
(3)用另一把螺丝刀旋动调整螺栓,放松后制动蹄调整器,如图18-9所示。

(4)拆下制动鼓。

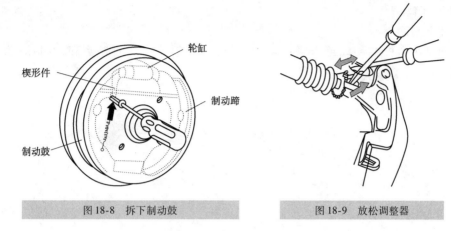

| 图 18-8 拆下制动鼓 | 图 18-9 放松调整器 |

4 制动蹄的拆卸

(1)如图 18-10 所示,使用专用工具脱开复位弹簧。
(2)如图 18-11 所示,使用专用工具 SST 拆下制动蹄压紧弹簧、弹簧座和销子。

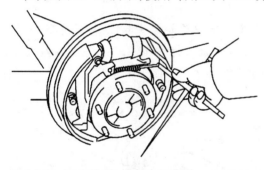 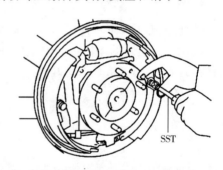

| 图 18-10 拆卸复位弹簧 | 图 18-11 拆下制动蹄压紧弹簧、弹簧座和销子 |

(3)拆下制动蹄和制动蹄复位弹簧。用鲤鱼钳拆下制动蹄压紧弹簧及弹簧座。用手从下面的支架上提起制动蹄,取出下复位弹簧。
(4)拆下制动自动调整拉杆和弹簧,如图 18-12 所示。

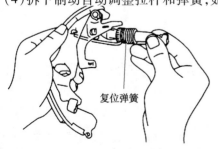 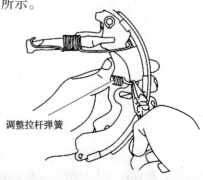

图 18-12 拆下制动自动调整拉杆和弹簧

(5)取下制动杆上的驻车制动器拉索,如图18-13所示。用鲤鱼钳取下楔形件的复位弹簧和上复位弹簧。

(6)卸下制动蹄。

(7)把带压力杆的制动蹄卡紧在台虎钳上,拆下制动蹄上的弹簧,取下制动蹄,如图18-14所示。

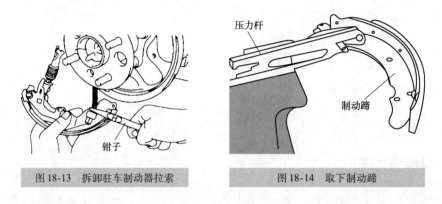

图18-13 拆卸驻车制动器拉索　　图18-14 取下制动蹄

5 制动轮缸的解体

从轮缸上拆下以下零件:2个活塞防尘罩、2个活塞、2个活塞密封圈、复位弹簧等,如图18-15所示。在实际的车辆维修中,通常是不对制动轮缸进行解体的,主要检查制动轮缸的密封性、灵活性、防尘罩是否完好等。只要其中任何一项不符合要求就应更换。

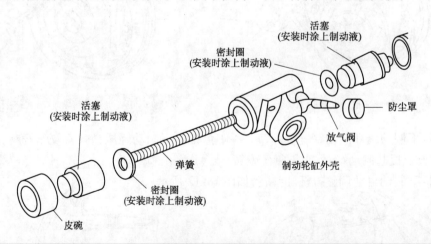

图18-15 制动轮缸分解图

6 制动蹄的检查

(1)目视检查制动蹄的摩擦片是否裂纹、油渍、脱胶等现象。

(2)检查制动蹄与制动鼓的接触面积和接触位置,采用划线法检查,如图18-16所示。

(3)用钢直尺或游标卡尺测量制动蹄摩擦片的厚度,如图18-17所示。

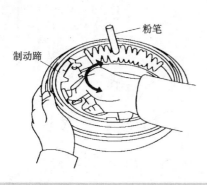

图 18-16 摩擦片与制动鼓的接触情况检查

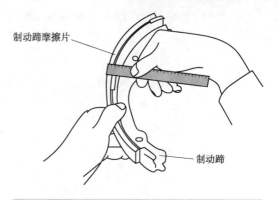

图 18-17 制动蹄摩擦片厚度的测量

7 制动鼓的检查

（1）用汽油、毛刷，将制动鼓清理干净。

（2）使用制动鼓量规或游标卡尺，测量制动鼓内径，如图 18-18 所示。

（3）使用弓形内径百分表，测算出制动鼓的圆度误差。

（4）检查制动蹄摩擦片上的贴合印痕。

8 制动鼓和制动蹄的安装

（1）装入上复位弹簧，将制动蹄装在压力杆上，如图 18-19 所示。

（2）装上楔形件，凸出一边朝向制动器底板。

（3）将带有制动杆的制动蹄装在压力杆上，如图 18-20 所示。

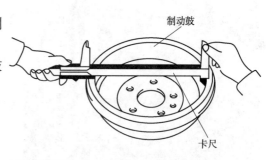

图 18-18 制动鼓内径测量

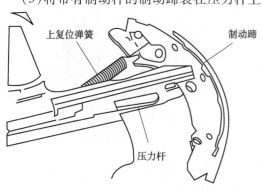

图 18-19 制动蹄装在压力杆上

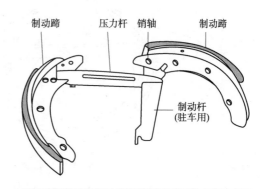

图 18-20 带有制动杆的制动蹄装在压力杆上

（4）装入上楔形件复位弹簧，在制动杆上套上驻车制动拉索，如图 18-21 所示。

（5）把制动蹄装在制动底板上，并靠在制动轮缸的活塞外槽上。

（6）装入下复位弹簧，并把制动蹄提起，装到下面的支座上。

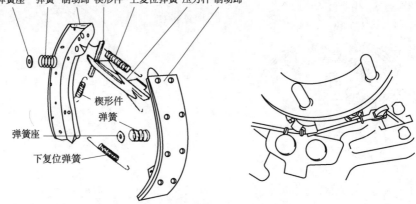

图 18-21　驻车制动拉索安装

图 18-22　检查所有零件安装情况

（7）装入楔形件的复位弹簧、制动蹄压紧弹簧及弹簧座。

（8）装上制动鼓及后轮轴承,然后调整轮毂轴承的间隙。

（9）用力踩一下制动踏板,使制动蹄片正确就位,摩擦片与制动鼓的间隙得到自动调整。

9 制动鼓安装情况的检查

（1）检查所有零件是否正确安装,如图18-22所示。

（2）测量制动鼓内径和制动蹄的直径,如图18-23所示。

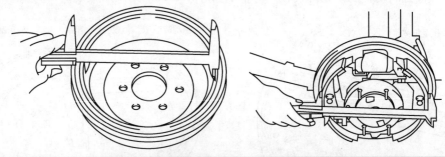

图 18-23　制动鼓内径和制动蹄直径的测量

（3）检查制动蹄摩擦面和制动鼓摩擦面,不能沾有油污或润滑油。

三 评价与反馈

对本学习任务进行评价,如表18-2所示。

评 价 表   表18-2

评价项目	评分标准	分数	学生自评	小组互评	教师评价	小计
团队合作情况	是否和谐	5				
活动参与情况	是否主动	5				
安全生产情况	有无安全隐患	10				
现场6S执行情况	是否做到	10				
任务方案设计	是否合理	10				
操作过程情况	(1)举升机操作； (2)鼓式制动器的拆装； (3)制动蹄、制动鼓的检查	30				
任务完成情况	是否圆满完成	5				
工、量具和设备的使用	是否标准、规范	10				
劳动纪律	是否严格遵守	5				
项目工单的填写	是否完整、规范	10				
总分		100				
教师签名：					得分：	

四 学习拓展

(1)查阅资料,说明制动摩擦片由什么材料制成。

(2)轮毂轴承预紧度对制动系统有何影响？如何调整轮毂轴承预紧度？

学习任务十九　制动摩擦块、制动盘的检查与更换

◎ 知识目标

(1) 能够叙述盘式制动器的结构及其工作原理。
(2) 能够叙述盘式制动器的类型。
(3) 能够叙述定钳、浮钳盘式制动器的结构原理。

◎ 技能目标

(1) 能规范地对制动摩擦块进行检查。
(2) 能规范地对盘式制动器轮缸、制动盘及制动钳进行检查。
(3) 能规范正确地使用工、量具和设备。

◎ 素养目标

(1) 具备团队合作精神和6S理念。
(2) 提高安全、环境保护和节约意识。
(3) 养成服从管理、规范作业的工作习惯。
(4) 树立客户至上的服务意识。

 建议完成本学习任务的时间为**8**课时。

 学习任务描述

车主反映：自己的上海桑塔纳2000Gsi轿车，使用了四年多，管路无泄漏，制动性能降低，可能是前轮盘式制动器的机械部分磨损严重。针对此种情况需要你对前轮制动器的制动摩擦块、制动盘进行拆检。

 学习内容

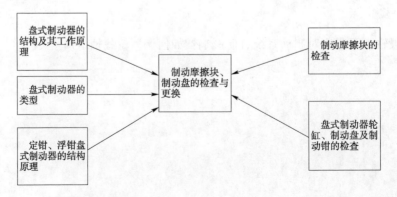

项目六　制动系统的检修

注意事项

（1）注意人身、设备安全，认真执行6S管理。
（2）严格遵守拆装规程。
（3）注意清洁零件，严格按顺序摆放，以免造成装配错误。

一 资料收集

引导问题1　盘式制动器由哪几部分组成？其工作原理是怎样的？

1 盘式制动器的组成

如图 19-1b)所示，盘式制动器主要由制动盘、制动摩擦块、制动卡钳、活塞等组成。

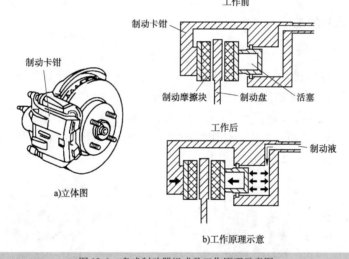

图 19-1　盘式制动器组成及工作原理示意图

2 盘式制动器的工作原理

工作原理如图 19-1b)所示，盘式制动器是由制动摩擦块夹紧制动盘产生制动的。固定在轮毂上并同车轮一起旋转的制动盘及制动摩擦块，在制动系统液压或机械力的作用下产生摩擦作用，使汽车减速或停车。

引导问题2　盘式车轮制动器的类型有哪些？各自的工作原理是怎样的？

1 盘式车轮制动器的类型

盘式制动器根据其固定元件的结构形式可分为钳盘式制动器和全盘式制动器。钳盘式制动器广泛应用于轿车、轻型货车和客车上。钳盘式制动器按制动钳固定在支架上的结构形式可分为定钳盘式制动器和浮钳盘式制动器,如图19-2所示。

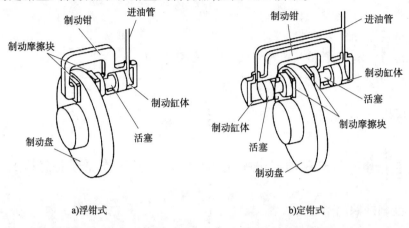

图19-2 钳盘式制动器的类型

2 盘式制动器的工作原理

1)定钳盘式制动器工作原理

定钳盘式制动器的制动原理如图19-3所示。其旋转元件是制动盘,它和车轮固装在一起旋转,以其端面为工作摩擦表面。跨置在制动盘上的制动钳体固定安装在车桥上,它不能旋转也不能沿制动盘轴线方向移动,其内部的两个活塞分别位于制动盘的两侧。制动时,制动液由制动主缸(制动总泵)经过进油管进入钳体中两个相通的液压腔中,将两侧的摩擦块压向与车轮固定连接的制动盘,从而产生制动。

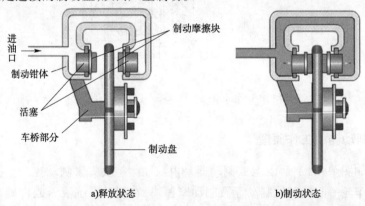

图19-3 定钳盘式制动器的工作原理示意图

(1)定钳盘式制动器的优点。油缸活塞与制动摩擦块之间通过消声片传力,可以减轻制动时产生的噪声。

(2)定钳盘式制动器的缺点。油缸较多,制动钳结构复杂,尺寸过大。

2)浮钳盘式制动器工作原理

浮钳盘式制动器的工作原理如图19-4所示。制动钳通过导向销（图中未画出）与车桥相连，可以相对于制动盘轴向移动。制动钳体只在制动盘的内侧设置油缸，而外侧的制动块则附装在钳体上。制动时，液压油通过进油管进入制动轮缸，推动活塞及其上的摩擦块向右移动，并压到制动盘上，使得油缸连同制动钳整体沿导向销向左移动，直到制动盘右侧的摩擦块也压到制动盘上，夹住制动盘实现制动。

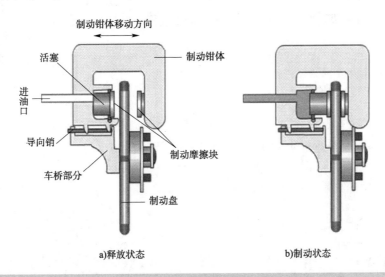

图19-4 浮钳盘式制动器的工作原理示意图

二、实施作业

引导问题3 作业前应该准备哪些工、量具和设备？

（1）工、量具：组合扳手、螺丝刀、鲤鱼钳、尖嘴钳、扭力扳手、游标卡尺等。

（2）设备：上海桑塔纳2000Gsi轿车或其他轿车（根据本校现有设备实际情况）、配套的制动片、粗砂布、防护手套、车轮支架、台虎钳、棉纱等。

（3）维修手册、评分表等。

引导问题4 如何进行作业前的准备工作？

（1）现场安全确认：车辆、举升机、工位。
（2）车辆防护：三件套、翼子板布、前格栅布、车轮挡块、干净抹布等。

引导问题5 通过查询和查找，你能找到以下信息吗？

请完成车辆基本信息表，见表19-1。

车辆基本信息表 表19-1

项　　目	具 体 信 息	项　　目	具 体 信 息
车牌号码		发动机型号及排量	
行驶里程		车辆识别代码(VIN)	

引导问题6 如何对制动摩擦块、制动盘进行检查与更换？

请查阅维修手册，根据以下步骤进行作业。

1 制动摩擦块的检查

（1）用千斤顶支撑起前轮，松开车轮螺栓的固定螺母，拆下车轮。
（2）通过观察孔，目视检查摩擦块的厚度，如图19-5所示。
（3）拆卸检查制动摩擦块。
①拆下制动钳，如图19-6所示。

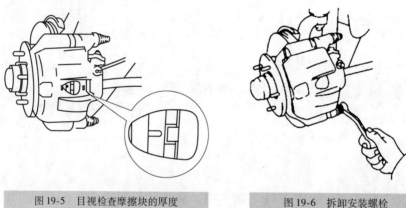

图19-5　目视检查摩擦块的厚度　　　　图19-6　拆卸安装螺栓

②拆卸下列零件：2个摩擦块、2个消声片、磨损指示板（内侧）及4个摩擦块支承板，如图19-7所示。

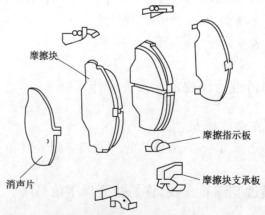

图19-7　拆卸摩擦块及附件

③检查摩擦块的磨损量,如图19-8所示。
④检查摩擦块的表面是否有裂纹或脱落,如图19-9所示。

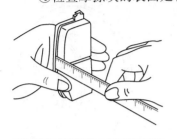

图19-8 测量摩擦块的厚度

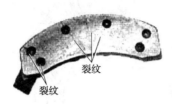

图19-9 摩擦块裂纹或脱落

⑤检查块表面是否有较明显沟槽。
⑥检查块表面是否硬化或者有油污。

2 盘式制动器轮缸的检查

1)目检制动轮缸防尘罩
如图19-10所示,检查制动轮缸防尘罩是否有油污和破损现象。
2)解体盘式制动器制动轮缸
(1)拆下制动软管接头螺栓,脱开制动器软管。
(2)拆下滑套,如图19-11所示。

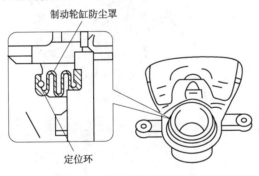

图19-10 检查制动轮缸防尘罩

图19-11 拆下滑套

(3)拆下滑套防尘罩和套筒。
(4)拆下开口环和活塞尘罩,如图19-12所示。
(5)如图19-13所示从制动轮缸上拆出活塞,用压缩空气从制动轮缸内推出活塞。
3)检查制动轮缸活塞
检查制动轮缸活塞是否有锈蚀现象。如果活塞表面出现了任何缺陷,均需进行更换。

3 制动盘的检查

(1)如图19-14所示,目视检查制动盘,检查制动盘是否有裂纹。若制动盘有裂纹时则必须进行更换。

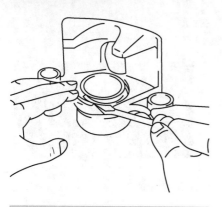
图19-12 拆下开口环和活塞尘罩

图19-13 拆下活塞

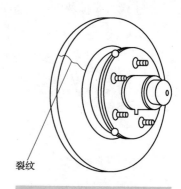
裂纹
图19-14 制动盘的裂纹

(2)如图19-15所示,测量制动盘的厚度,使用千分尺测量制动盘的厚度。制动盘的正常厚度为20mm,磨损极限值为18mm。

(3)如图19-16所示,测量制动盘的圆跳动,使用支架百分表测量制动盘的圆跳动。制动盘不应有裂纹或凸凹不平现象,端面跳动量不应超过0.06mm。

千分尺
图19-15 测量制动盘的厚度

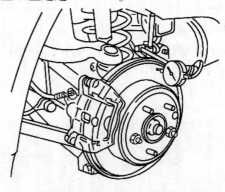
图19-16 测量制动盘的圆跳动

4 制动钳的检查

检查制动钳的外表是否有裂纹、变形,定位环和防尘罩是否有破裂、裂纹和损坏,如有,应及时更换。

5 盘式制动器制动轮缸的装配

(1)在各零件上涂敷指定的润滑脂。如图19-17所示,在箭头所指的零件上涂敷指定的润滑脂。

(2)如图19-18所示,将活塞密封圈和活塞装入轮缸内。

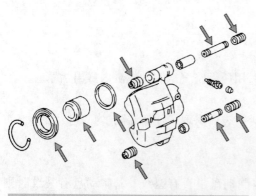
图19-17 涂敷润滑脂

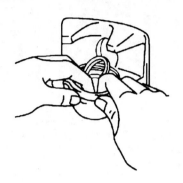
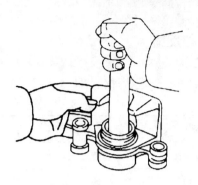

图 19-18　安装密封圈和活塞

(3) 如图 19-19 所示,将活塞防尘罩和开口环装入制动缸中。

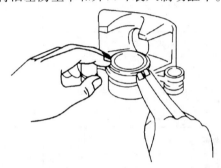

图 19-19　安装活塞防尘罩

(4) 如图 19-20 所示,安装防尘罩和滑套。

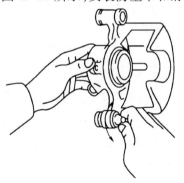
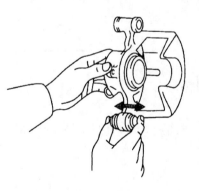

图 19-20　安装防尘罩和滑套

6 制动钳的安装

(1) 安装制动摩擦块。
(2) 安装制动钳,连接挠性软管。
(3) 安装前轮。

三 评价与反馈

对本学习任务进行评价,如表19-2所示。

评 价 表   表19-2

评价项目	评分标准	分数	学生自评	小组互评	教师评价	小计
团队合作情况	是否和谐	5				
活动参与情况	是否主动	5				
安全生产情况	有无安全隐患	10				
现场6S执行情况	是否做到	10				
任务方案设计	是否合理	10				
操作过程情况	(1)举升机操作; (2)制动摩擦块的检查; (3)盘式制动器轮缸、制动盘及制动钳的检查	30				
任务完成情况	是否圆满完成	5				
工、量具和设备的使用	是否标准、规范	10				
劳动纪律	是否严格遵守	5				
项目工单的填写	是否完整、规范	10				
总分		100				
教师签名:					得分:	

四 学习拓展

(1)查阅资料,了解有些车型在制动系统配置了电子磨损传感器报警装置的作用。

(2)试分析盘式制动器和鼓式结构原理的异同;分析哪些原因导致汽车制动跑偏。

学习任务二十 ABS 警告灯点亮的检修

学习目标

◎ 知识目标

(1) 能够叙述防抱死制动系统的作用。
(2) 能够叙述 ABS 的组成及工作原理。
(3) 能够叙述 ABS 传感器和制动压力调节器的类型、工作原理。

◎ 技能目标

(1) 能规范地读取和清除制动防抱死系统故障码。
(2) 能规范地对轮速传感器、制动压力调节器等主要部件进行检查。
(3) 能规范正确地使用工、量具和设备。

◎ 素养目标

(1) 具备团队合作精神和 6S 理念。
(2) 提高安全、环境保护和节约意识。
(3) 养成服从管理、规范作业的工作习惯。
(4) 树立客户至上的服务意识。

建议完成本学习任务的时间为 6 课时。

学习任务描述

车主反映：自己的一汽大众捷达轿车，在汽车行驶中发现 ABS 警告灯一直点亮。需要你对制动防抱死系统进行检查，排除系统存在的故障。

学习内容

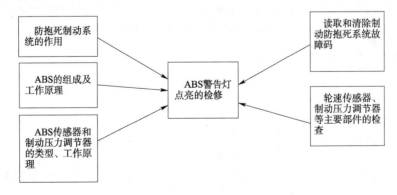

注意事项

(1) 注意人身、设备安全，认真执行 6S 管理。

(2)严格遵守拆装规程。
(3)注意清洁零件,严格按顺序摆放,以免造成装配错误。

一 资料收集

引导问题1 制动防抱死系统的作用是什么?影响制动力大小的因素有哪些?什么是滑移率?

1 制动防抱死系统的作用

制动防抱死系统(Anti-Lock Brake System),简称 ABS。它是一个制动控制装置,采用计算机自动控制制动压力的大小,防止车轮由于紧急制动而抱死。ABS 的作用为:
(1)缩短制动距离。
(2)使车辆操控性提高。
(3)延长轮胎使用寿命。
(4)降低驾驶员劳动强度。

2 影响制动力大小的因素

汽车制动时,轮胎与路面接触处受到的各种力,如图 20-1 所示。其中影响制动力大小的主要因素有:汽车速度、踏板制动力大小、轴质量、路面情况、轮胎表面情况、轮胎气压、轮胎断面宽度等。在干燥的路面上,汽车最大制动力比湿路面上要大,因为干路面上的附着系数比湿路面上的要大。因此当路面的附着系数较高时,制动时获得的最大制动力就越大。

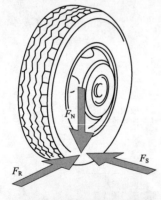

图 20-1 制动时轮胎受力图
F_N-轴重力;F_R-制动力;F_S-侧向力

3 滑移率

滑移率是在车轮运动中滑动成分所占的比例,用 S 表示。

影响路面附着系数的因素除了路面类型,如干燥路面、湿滑路面、雪地、冰地等,车轮的滑移率也会影响到附着系数,从而影响到最大制动力。车轮的滑移率与车速和轮速之间的关系如下:

$$S = \frac{V_F - V_U}{V_F} \times 100\%$$

式中:S——滑移率;
V_F——车速;
V_U——轮速。

对于能够自由运转,没有被驱动和制动的车轮来说,车轮的滑移率为 0。

对于车轮抱死,轮速为 0 时,车轮的滑移率为 100%。

滑移率的大小对纵向附着系数(决定最大制动力)、横向附着系数(决定最大侧向力)的影响如图 20-2 所示。由曲线可知,纵向附着系数在滑移率为 15% ~ 20% 左右时最大,此时的制动力最大。

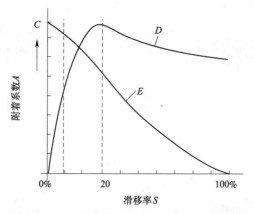

图 20-2　纵向附着系数、横向附着系数与滑移率的关系图(干燥路面)
C-最大值;D-纵向附着系数;E-横向附着系数

引导问题 2 ABS 由哪几部分组成？基本原理怎样？ABS 系统控制回路的形式有哪些？

1　ABS 的组成

ABS 是在传统制动系统的基础上增加的一套防止车轮制动时抱死的控制系统。主要有传感器、ABS 执行机构、ABS 电子控制单元和 ABS 警告灯等组成,如图 20-3 所示。

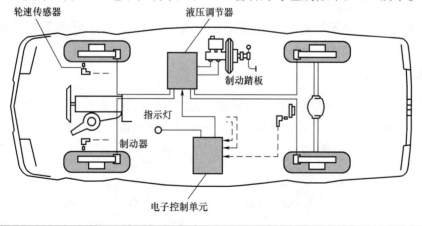

图 20-3　ABS 的组成

2　ABS 的基本原理

汽车制动时,车轮转速传感器将各车轮的转速信号输入电子控制单元(ECU),ECU 根据每个车轮轮速传感器输入的信号对车轮的运动状态进行监测和判定,利用制动压力调节系统对制动管路油压高速的进行"增压—保压—减压"的循环调节过程,使车轮的滑移率始终维持在15%~20%之间,防止制动车轮抱死,如图20-4所示。

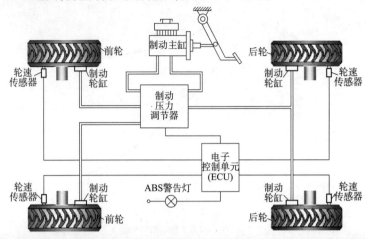

图20-4 ABS的基本原理示意图

3 ABS系统控制回路的形式

(1)控制通道。能够独立进行制动压力调节的制动管路。

(2)按控制形式分。独立控制和一同控制两种。一同控制又可分按高选原则一同控制和按低选原则一同控制。

(3)按控制通道数目分。四通道、三通道、二通道和单通道四种形式,而布置形式却多种多样。

引导问题3 ABS系统的传感器有哪些?各自的工作原理是怎样的?

1 轮速传感器

车轮速度传感器的功用是检测车轮的速度,并将速度信号输入ECU,其安装位置如图20-5所示。目前用于ABS系统的轮速传感器主要有电磁式和霍尔式两种。

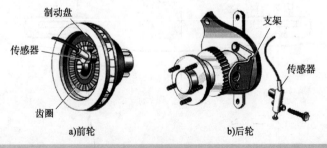

图20-5 轮速传感器的安装位置

1)电磁式轮速传感器

电磁式轮速传感器是一种通过磁通量的变化产生感应电压的装置,主要有传感头和齿圈两部分组成。齿圈一般安装在轮毂或轴座上，对于后驱动车辆，也可安装在差速器或传动轴上。齿圈随轮毂或传动轴一起转动，传感头通过固定在车身上得支架安装在齿圈附近。

电磁式轮速传感器的类型根据极轴的结构形式分为凿式、柱式两种，如图20-6所示。

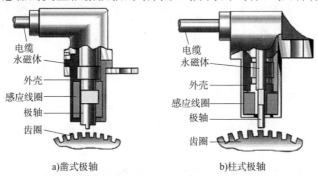

图20-6　电磁式轮速传感器

2）霍尔式轮速传感器

霍尔式轮速传感器也由传感头和齿圈组成。传感头由永久磁铁、霍尔元件和测量线路等组成，如图20-7所示。

霍尔式轮速传感器的工作原理，如图20-8所示。永久磁铁的磁力线穿过霍尔元件通向齿轮，当齿顶对正霍尔元件时，通过霍尔元件的磁力线最密，磁场相对较强；当齿隙对正霍尔元件时，磁力线较疏，磁场强度较小。齿轮转动时，使得穿过霍尔元件的磁力线密度发生变化，因而引起霍尔电压的变化，霍尔元件将输出一个mV级的准正弦波电压。

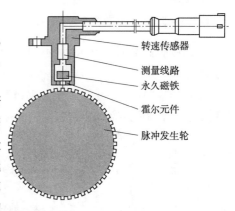

图20-7　霍尔式轮速传感器

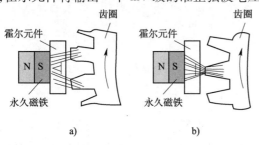

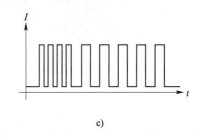

图20-8　霍尔式轮速传感器工作原理图示意图

2 加速度传感器（G传感器）

有些新设计的ABS系统采用了加速度传感器，可以对由车轮转速计算出来的车速进行补偿，使制动时滑移率的计算更加精确。现在只用于四轮驱动汽车。加速度传感器有水银型、摆型和应变仪型三种，如图20-9所示。

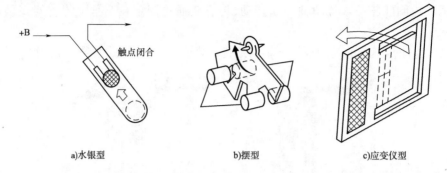

a) 水银型　　　　　　b) 摆型　　　　　　c) 应变仪型

图20-9　加速度传感器类型

引导问题4　制动压力调节器的结构类型有哪些？制动压力调节器的工作过程是怎样的？

1　制动压力调节器结构类型

制动压力调节器俗称 ABS 泵，它根据控制单元（ECU）发出的控制信号，自动调节制动轮缸的制动压力。制动压力调节器中一般有多个电磁阀，1~2个回油泵。

按照结构的不同，可分为分置式和整体式两种，如图20-10所示。制动压力调节器安装在制动主缸和制动轮缸之间，主要包括泵电机总成、蓄压器、压力开关和电磁阀等部件。

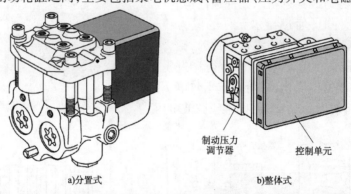

a) 分置式　　　　　　b) 整体式

图20-10　制动压力调节器

按照调节方式的不同，制动压力调节器可分为循环式制动压力调节器和可变容积式调节器两种。循环式制动压力调节器是通过电磁阀直接控制轮缸的制动压力；而可变容积式制动压力调节器是通过电磁阀间接改变轮缸的制动压力。

2　制动压力调节器工作过程

1）循环式 ABS 系统工作过程

ABS 系统通过压力调节器的工作，分别实现升压状态、保压状态和减压状态。

（1）三位三通电磁阀式压力调节器。

①升压控制过程。当驾驶员踩下制动踏板时，制动主缸的压力升高，或者当 ABS 的 ECU 根据轮速传感器传来的信号判断车轮滑移率太低，ECU 控制制动压力调节器中的电磁阀不通电，此时电磁阀处于如图 20-11 所示位置，来自制动主缸的制动液直接进入制动轮缸，制动轮缸压力随主缸压力增加而增加。此时压力调节器的回油泵不工作。

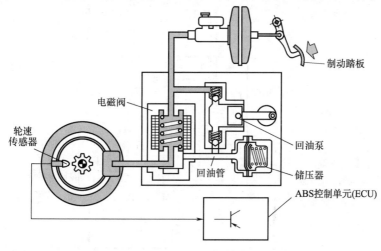

图 20-11 升压控制过程

②保压控制过程。当驾驶员继续踩住制动踏板，制动主缸的压力继续升高，此时 ABS 的 ECU 根据轮速传感器传来的信号判断车轮有抱死的趋势，开始控制制动压力调节器中的电磁阀通小电流，此时电磁阀处于如图 20-12 所示位置，来自制动主缸的制动液不进入轮缸，轮缸压力不变。此时压力调节器的回油泵不工作。

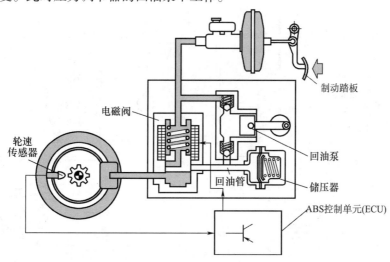

图 20-12 保压控制过程

③减压控制过程。当 ABS 的 ECU 根据轮速传感器传来的信号判断车轮仍然有抱死的

趋势,开始控制制动压力调节器中的电磁阀通大电流,此时电磁阀处于如图 20-13 所示位置,来自轮缸的制动液由回油泵送回主缸,轮缸压力减小。此时制动压力调节器的回油泵工作。

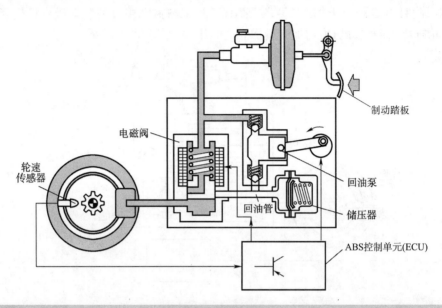

图 20-13 减压控制过程

（2）双电磁阀压力调节器。

ABS 系统调节原理与前面的三位三通电磁阀控制一个通道的制动压力基本一致,具体过程如图 20-14 所示。

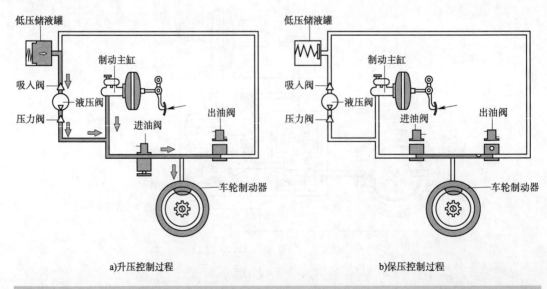

a) 升压控制过程　　　　　　　　b) 保压控制过程

图 20-14

项目六 制动系统的检修

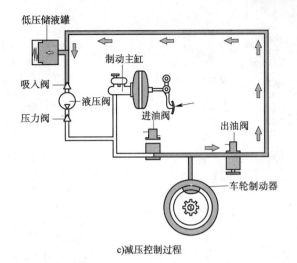

c)减压控制过程

图20-14 双电磁阀压力调节器工作原理

2)可变容积式ABS系统工作过程

可变容积式ABS系统是在汽车原有的制动管路上增加一套液压装置,用它控制制动管路容积的增减,从而控制制动压力的变化,特征是有一个动力活塞,主要由电磁阀、控制活塞、液压泵和储能器等组成,具体工作过程如图20-15所示。

引导问题4 ABS控制单元(ECU)的作用是什么?ABS警告灯和驻车制动警告灯的作用是什么?诊断接口的作用是什么?

1 ABS控制单元(ECU)

如图20-16所示,ABS控制单元(ECU)的作用是根据来自轮速传感器的信号,确定车轮与路面之间的滑移率并加以控制。此外,它还监控整个ABS系统工作情况,如果有故障,将ABS系统关闭,并存储相应的故障码。现代的ABS系统都是将控制单元和制动压力调节器做成一体。

2 ABS警告灯和驻车制动警告灯

如图20-17所示为ABS警告灯和驻车制动警告灯标志。

(1)ABS警告灯的作用。

当控制单元检测到ABS系统中有故障时,该灯就处于长亮的状态,提醒驾驶员ABS系统有故障。

(2)驻车制动警告灯的作用。

该灯除了驻车制动显示、制动液液面过低等常规制动系统提示作用之外,在某些车型或带有EBD系统的车辆上,该灯也用作ABS(或EBD)系统警告灯,用于提醒驾驶员ABS系统和EBD系统中有故障。

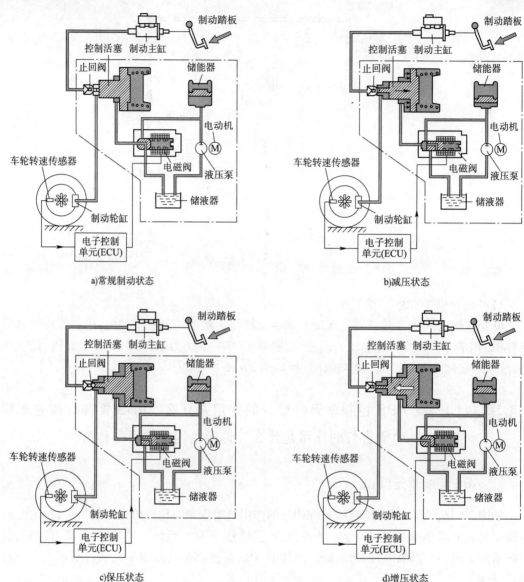

图 20-15 可变容积式 ABS 工作过程

3 诊断接口

（1）诊断接口的作用。

如图 20-18a）所示，诊断接口是用于连接汽车诊断仪器，使诊断仪器直接与 ABS 控制单元（ECU）沟通。或者如图 20-18b）所示，维修人员通过短接诊断接口的一些端子，将 ABS 警告灯激活至闪烁模式，进行人工读取 ABS 系统故障码或对传感器功能进行检查。

（2）ABS 故障诊断的一般程序如图 20-19 所示。

项目六　制动系统的检修

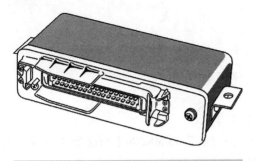

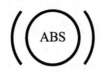

a)ABS警告灯

b)驻车制动警告灯

图20-16　ABS控制单元(ECU)　　　　图20-17　ABS警告灯和驻车制动警告灯标志

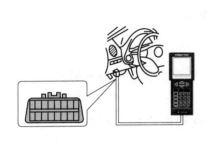

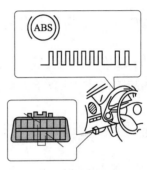

a)诊断接口与诊断仪器连接　　　　　　　b)人工读取故障码

图20-18　ABS诊断接口

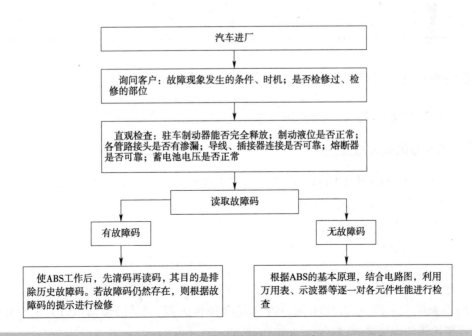

图20-19　ABS故障诊断的一般程序

二 实施作业

引导问题5 作业前应该准备哪些工、量具和设备？

（1）工、量具：常用工具、常用量具、检测仪器各若干套。
（2）设备：一汽大众捷达轿车［采用的美国ITT公司制造的MK20-Ⅰ型防抱死制动系统（ABS）］或其他轿车（根据本校现有设备实际情况）。
（3）维修手册、评分表等。

引导问题6 如何进行作业前的准备工作？

（1）现场安全确认：车辆、举升机、工位。
（2）车辆防护：三件套、翼子板布、前格栅布、车轮挡块、干净抹布等。

引导问题7 通过查询和查找，你能找到以下信息吗？

请完成车辆基本信息表，见表20-1。

车辆基本信息表　　　　　　　　　　　　　　　　　　　　　表20-1

项　目	具　体　信　息	项　目	具　体　信　息
车牌号码		发动机型号及排量	
行驶里程		车辆识别代码（VIN）	

引导问题8 如何对ABS警告灯点亮的故障进行检修？

请查阅维修手册，根据以下步骤进行作业。

1 ABS故障基本检查

基本检查是在ABS出现明显故障而不能正常工作时首先采取的检查方法。ABS灯常亮，系统不能工作的检查方法如下：

（1）检查驻车制动器是否完全释放。
（2）检查制动液面是否在规定范围内。
（3）检查所有继电器、熔断丝是否完好，插接是否牢固。
（4）检查电子控制装置导线插头、插座是否连接完好，有无损坏，搭铁是否良好。
（5）检查电动液压泵、液压单元、4个车轮转速传感器、制动液面指示灯开关的导线插头、插座和导线的连接是否良好。
（6）检查传感器头与齿圈间隙是否符合规定，传感头有无脏污。

(7) 检查蓄电池电压是否在规定范围内。

(8) 检查轮胎花纹高度是否符合要求。

2 故障码的读取与清除

(1) 读取故障码可用专用仪器进行检查,也可用人工跨接法进行检测,如图 20-20 所示。

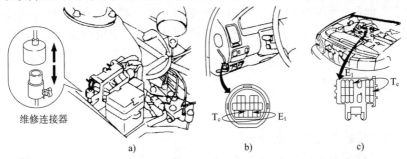

图 20-20　人工跨接法读取故障码(丰田车系)

(2) 将读取的故障码做好记录。

(3) 清除故障码,再次读取故障码。

(4) 记录两次读取的故障码。

如果故障码能够被清除,说明该故障属于偶发故障,或者是上一次维修时,维修技师在排除完故障后没有将故障码清除。如果第二次也读到了同样的故障码,那么可确定该故障为永久故障,且该故障没有被排除,故障码无法清除。

(5) 根据读取的故障码,查 ABS 系统故障码表,如表 20-2 所示,确定故障范围。

ABS 故 障 码 表　　　　　　表 20-2

故　障　码	故 障 描 述	可 能 原 因
65535	电子控制单元	损坏
01276	ABS 回油泵	电动机不工作
01044	ABS 编码错误	
00668	供电端子 30	
01130	ABS 工作异常	信号不合理
00283	左前轮速传感器	电器及机械故障
00285	右前轮速传感器	
00290	左后轮速传感器	
00287	右后轮速传感器	

注意:若 ABS 工作不正常,又没有故障码,则此种故障不易被诊断到。在排查 ABS 故障之前,首先要确保普通制动系统无故障,具体方法可参考相关车型的维修手册。

3 ABS 的泄压

通过 ABS 的检查,诊断出故障后,就可进行故障排除和修理。由于蓄压器中有很高的压力,因此只要修理到防抱死制动系统中的液压部件就必须对系统泄压,以免高压油喷出伤人。

一般 ABS 泄压的方法是:将点火开关关闭(OFF 位置),然后反复踩踏制动踏板,踩踏的次数至少在 20 次以上,当踏板力明显增加,即感觉不到踩踏板的液压助力时,ABS 系统即泄压完毕。有的 ABS 系统在泄压过程中需要踩踏的次数较多,甚至需要 40 次以上。通常修理以下部件时需要泄压:液压控制单元中的任何装置、蓄压器、电动泵、电磁阀体、制动液油箱、压力警告和控制开关、后轮分配比例阀、后轮制动轮缸、前轮制动轮缸及高压制动液管路等。

4 轮速传感器检测

(1)直观检查。

(2)检查轮速传感器的数据流与电阻。

(3)用示波器检测轮速传感器信号波形。车轮转速和轮速传感器信号波形之间的关系,如图 20-21 所示。

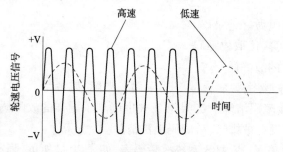

图 20-21 轮速传感器信号波形图

(4)检查各轮速传感器和 ABS 电控单元间线路。

(5)检查轮速传感器端部。

(6)检查轮速传感器齿圈。

5 检查制动压力调节器、ABS 控制单元及其电路

(1)检查 ABS 控制单元线束插头安装是否正确,外观是否完好。插头是否连接良好。拔出插接器观察是否有锈蚀和松动。

(2)检查 ABS 熔断丝是否正常。

(3)检查蓄电池电压是否正常。

(4)检查 ABS 控制单元的电源与接地是否正常。

6 用专用诊断仪检查制动压力调节器的工作情况

(1)在操作专用诊断仪进入 ABS 电控系统后,在功能选择处输入通道号(03)之后,就可进入测试。

(2)根据表 20-3 所列的操作步骤进行检查。

ECU自诊数据记录表　　　　　　　　　　　表20-3

步骤	操作者动作	诊断仪器屏幕显示	备 注
1		回油泵是否工作	
2		踩下制动踏板	
3	踩住制动踏板不放	常开阀:0V 常闭阀:0V 车轮抱死	
4		常开阀:通电 常闭阀:0V 车轮抱死	
5		常开阀:通电 常闭阀:通电、车轮可自由转动	踏板回弹,可听见泵运转声音
6		常开阀:通电 常闭阀:0V、车轮可自由转动	踏板自动稍微下沉
7		松开制动踏板	
8	松开制动踏板		

7 更换有故障的 ABS 系统元件

(1)根据检查结果,做出正确的维修意见。

(2)参看维修手册,更换或修理有故障的元件,简要写出维修步骤及注意事项。

(3)清除故障码。

(4)路试检查 ABS 系统工作是否正常,ABS 警告灯是否异常(自检、低速、高速三种工况下)。

(5)再次读取故障码。

注意:如果 ABS 警告灯和制动警告灯不亮,但制动效果仍不理想,则可能是系统放气不干净或在常规的制动系统存在故障;维修 ABS 之前,应先读取故障代码,以确定故障原因。如装上新的液压控制单元,应检查其编码;拔下 ABS 插头之前,必须关闭点火开关;开始修理前,应关闭点火开关,查取音响防盗密码并断开蓄电池负极。

三 评价与反馈

对本学习任务进行评价,如表20-4所示。

评 价 表　　　　　　　　　　　表20-4

评价项目	评分标准	分数	学生自评	小组互评	教师评价	小计
团队合作情况	是否和谐	5				
活动参与情况	是否主动	5				
安全生产情况	有无安全隐患	10				

续上表

评价项目	评分标准	分数	学生自评	小组互评	教师评价	小计
现场6S执行情况	是否做到	10				
任务方案设计	是否合理	10				
操作过程情况	(1)举升机操作； (2)读取和清除制动防抱死系统故障码； (3)轮速传感器、制动压力调节器等主要部件的检查	30				
任务完成情况	是否圆满完成	5				
工、量具和设备的使用	是否标准、规范	10				
劳动纪律	是否严格遵守	5				
项目工单的填写	是否完整、规范	10				
	总分	100				
教师签名：					得分	

四 学习拓展

(1)查阅资料,说明丰田卡罗拉1.6L轿车后轮轮速传感器的更换。

(2)查阅资料,说明EDS系统、ASR系统和ESP系统的作用。

参考文献

[1] 陈建宏,许炳照.汽车底盘机械系统检修[M].2版.北京:人民交通出版社,2011.
[2] 樊永强,罗雷鸣.汽车传动系统维修[M].北京:人民交通出版社,2012.
[3] 从树林,张彬.汽车底盘构造与维修[M].北京:人民交通出版社,2011.
[4] 梁家生,谭鹏程.汽车底盘构造与维修理实一体化教材[M].北京:人民交通出版社,2012.
[5] 黄关山,孔国彦,苏小举.汽车悬架及转向系统维修[M].北京:人民交通出版社,2011.
[6] 戴良鸿.汽车变速器与驱动桥检修[M].北京:人民交通出版社,2013.
[7] 谢伟钢,邱今胜.汽车制动系统维修[M].北京:人民交通出版社,2011.
[8] 樊海林.汽车转向、悬架与制动系统检修[M].北京:人民交通出版社,2013.